台北老街

30周年暢銷紀念新版

莊永明 著

目錄

圓山仔
太古巢

第一代台北火車站

莊老師台北老街三十年紀念版推薦序

三十多年前莊永明先生立意為台北起筆「寫傳」，耕耘數載乃有《台北老街》出書問世，受益於此書者無法盡數，太多太多人因了這本書開始走讀台北，了解台北，甚至愛上台北。

展開《台北老街》的每一頁歷史，就像啟動時光輪軸一樣，艋舺、大稻埕及城內曾經刻下的極度風華，整座城市的文明歷史發展，一位又一位令人好生景仰的英雄好漢，他們的俠骨柔情，她們的婉約風情，一座又一座充滿故事與風格的建築，都在莊永明先生筆下風雲靈動起來。歷史無法重現，但《台北老街》卻有魔力，引領我們神遊於老老台北，老台北和今台北。莊永明先生一生鍾情所愛就是斯土斯民，他沒有刻意裝飾，也沒有意識形態，純純樸樸，卻又觀察入裡，直指歷史核心，下筆直書老街樣貌，字字雋永，自然中有自然味。《台北老街》是莊永明先生春秋鼎盛最壯年時期之力作，三十年後來看，依舊如是。

多年來，大家都敬服莊永明先生對文物的付出和感情。我們知道他極好蒐藏，不僅書籍雜誌歌謠唱片本事，所有必須引據查考的原始經典，所有寫真圖帖照片集冊明信片與手稿，他都是以傾囊來蒐集的。莊永明先生的蒐集典藏也使他的著作，宛如走入歷史情境，令人嘖嘖稱奇，所有的故事他會讓我們有圖為證，所有的人物他會全力蒐集親筆手稿，所有台灣重要歌謠詞、曲創作的前世今生，詞、曲創作人的生平過往，無不信手拈來，甚至古蹟裡主人歷歷之生活脈絡，台灣文人創作的詩文小說，發表的重要著作，印象中他無一不讀，無不愛不釋手，更厲害的是莊先生通達究竟，織文入理，毫不造作，而書後透露的卻是莊先生的文人觀，歷史觀和時代觀。《台北老街》以艋舺、大稻埕及城內為主角，從十九世紀中葉淡水開港，娓娓述說三市街的古風貌。艋舺的宗教廟宇，大稻埕的茶香光影以及城內的繁華街景，迤邐而迄於今，文字功力之外，最令觀者賞心悅目而進一步細細推敲的就是有圖有證，又因為莊先生擅長也極喜愛繪畫，因此圖文採集成為書中之一絕，總透著一股淡淡的清雅之香。

另外，莊先生重視文人氣節卻也喜歡彰顯常民性格，例如大龍峒陳維英，莊先生即載以其名聯，以促人深省：

數十年克勤克儉　祖宗創業
第一等不仁不義　兄弟爭田

同時也不忘點醒讀者，大龍峒的「賭、棋、拳頭三不入」，是何等的江湖豪氣！

莊先生對於人物書寫除了拿出證據來說話之外，更引人之處就是絕不願讓真英雄真豪傑真文人真雅士湮逝埋沒於時間巨輪之下，這與史家秉董狐之筆立春秋之傳的大器毫不相讓，而莊先生下筆更溫潤，更有情感，乍讀像極金庸塑造的俠之大者，但他的人物，卻是真真實實活在當代、活在與你我相距僅百年之間的斯土斯民，莊永明如此為歷史立命，這樣的人怎不令人心疼呢？

莊永明先生堪稱是台灣走讀歷史的第一人，也是他創建了一種非常奇特的走讀風情，近年來走讀地方已蔚成風氣，許多熱愛地方歷史的工作者勇敢踏入這塊獉獉漭漭的處女地，毫無疑問地，莊永明熾熱的情感，淵博的知識和非常動人的解說內容都直接間接地產生深遠影響。莊永明發之內心雀躍地歡迎著「來自四面八方的朋友，一齊和我同行，宛若一起以彳亍腳步，閱讀一頁頁的舊冊。」他將每一場走讀視為約會，從不孤單，也不情怯。莊永明深信「一腳步，一腳印」，他的每一步伐都實實在在的印在在地鄉土上。

展讀《台北老街》，一頁頁翻過去，就像極了是跟在莊永明先生旁邊走讀台北。有圖有印記，台北曾經的滄海桑田，曾經的風華躍動，一一如歷眼前，故事中有文采，文采裡有人物，人物中有深情，而引領貫穿台北歷史的靈魂人物就是莊永明。莊先生在去年（二〇二〇年）八月七日悄然揮別人世，他的家人為他選擇樹葬，入眠處只見白雲青山相伴，天地寬闊，草木皆明。三十年前，《台北老街》首度出版，莊永明先生在其生日那天（一九九一年四月三日）為書題序，序末有此一言「踁踱老街，有心之士，盍興來乎？」三十年後，《台北老街》三十周年版付梓，我受邀寫序，序末亦有一願「不忘懸念，永明老師，乘願再來！」

臺北市立文獻館館長　詹素貞

城市的身世，創意的原點——二〇一二年版推薦序

每一個偉大的城市，都有著可以訴說不盡的身世與歷史。

二十年前，莊永明老師開風氣之先，以他個人的研究與蒐藏，將台北的身世寫入《台北老街》之中，從而讓讀者與市民開始對台北的前世今生，有了全新的認識。也因為《台北老街》的推動之功，當年的市政府，幾乎按照莊老師的考據與介紹，在市區各處立下古蹟遺址的紀念碑，台北城因為歷史的縱深而發展出它的厚度。

長年以來莊老師由文獻會的顧問，一直到現任文獻會副主任委員，在每一次的文化資產保存以及台北歷史考據的各種大大小小的會議中，不斷地以歷史研究專業、無人能及的記憶力和豐富的生活文化典故，協助文化局、市政府做出合宜的判斷，同時推動台北市的文化行政作為。舉凡剝皮寮街區改造、撫台街洋樓保存與活化、芝山岩學務官僚紀念碑的保存、二〇〇四年台北建城一百二十週年紀念活動等等，都有賴莊老師提供史料記載與專業建議，不但使古蹟、老街活化重新成為新一代市民遊憩休閒的新景點，更在具有歷史意義的慶典活動中，以最直接的方式喚起市民的歷史感，讓「生於斯，長於斯」的台北人，更明白這個城市

的發展與演變。

追尋歷史與身世，無非是希望奠定台北城市文化發展的根基。在歷史豐厚的沃土之中，綻放出具有國際文化競爭力的花朵。個人接任台北市文化局長，希望藉由爭取「世界設計之都」的過程，展現台北豐富多元的創造力，同步進行台北城市的改造運動，從而打造台北城市的優勢競爭力，並增進市民福祉。而整個設計之都的創意基礎，正在於台北積累深厚的歷史印記中。《台北老街》新版的面世，將帶動新一代市民對台北的認識與了解，更將成為創意都市的活水源頭。

台北盆地從三百年前（一七〇九年）的「陳賴章墾號」伊始，官方核准漢人展開拓墾。歷經三市街（艋舺、大稻埕、城內）而發展至今，淡水河見證著台北市成長發展的軌跡。誠如莊老師在跋中所言：「期盼台北老街依舊，畢竟其歷史意義，歷久彌新，烙印老街上的跡痕，就是文化的厚度！」如今《台北老街》新版問世，老街，不會再深藏都市角落，老街永遠會是「歷史大道」。

站在歷史的大道上，新生的台北，創意源源不絕。

台北市文化局長

劉維公

先踏話頭

老街是「歷史的線」；社會生活史的最佳見證。

「歷史的線」，是由許許多多的「歷史的點」所連接、延伸而成的。「歷史的點」原是「移民」落足生根的「散戶」，而後，大家群聚，相輔相成才打造成老街。

一條一條的老街成了城市發展後的「歷史的面」，地方開拓史是如此一步一腳印書寫出來的！而今，「歷史的體」——市容的面貌和面向，就是城市的特色。

點、線、面、體，穿點引線，成面形體，「老街」是承先啟後的里程碑。

台北初闢，一直到一九二〇年代，「台北市」的代名詞是台北三市街，與淡水河流域息息相關。

艋舺、城內、大稻埕的「老街」，值得我們品讀，乃是了解今日有世界大都會區態式台北市的最佳溯源讀本。

品讀之後，走訪老街，更是探訪歷史的重大功課，身歷其境，歷史感必油然而生。

老街，會因歲月斑剝，會因歷史蒙塵，一九九一年付梓的《台北老街》，因為今非昔比，讀起來和今日市況有嚴重落差，「一路走來，始終不一」的台北市，成長了、蛻變了、茁壯了，但是歷史的原點永久烙印在心中，難以變換，改變的《台北老街》以「懷舊」作為訴求，各個年齡層的人，因生活在不同世代，解讀或有不同，但是老街的記憶會讓人在不同中求同，老老少少的「歷史感」，會因老街引導，必對土地的認同、感情更交融。

《台北老街》出版至今已有二十年了，原先想讓其「走入歷史」，但不少人希望能重現江湖，可能是想手頭有書的人大有人在，逼得我不得不低頭答應改版，改置老照片，重溫台北老街，重點不僅可再度品讀，更重要的是希望以後深入走訪，畢竟老街沉澱著不少城市的感情與記憶。老街之「道」，有我跡痕，來來去去，與歷史作伴。

吾「道」不孤，同行有您。

大家一起上「道」，活絡歷史街道，讓其不衰、不弱、不老；「道」上跡痕，烙印歷史，歷歷在目的老街，歷久彌新！

新版序於二〇一二年七月十五日

總督官邸

一起走向台北老街——三市街歷史巡禮

我是土生土長的台北市人，換一句較文雅的說詞是：「台北市是我生於斯、長於斯之地。」

「台北人寫台北事。」是我撰述這本書的動機。

「身在台北市，心知台北事。」是我出版這本書的期望。

台北市，今天是一個「世界性」的大都會，生活在這個全球矚目，但是幾被國際社會所「遺棄」的「首都」，我們應該從什麼角度、什麼立場、什麼眼光來探討它呢？

這是我平常會思考的大問題，台北市今日的地位、今日的處境，確是一團「迷霧」，思索如何「走向未來」，對於「走過從前」，不可不知。

歷史上的台北市，是台灣政治、經濟、文化的中心，應該研究的問題，自是多角度、多層面、多元性；然而，我覺得人人去親近它、關懷它是最迫切，也是最實際的問題，真的，台北市不僅是「住」的地方，而是「想」的地方，不是「消費」的都市，而是共存共榮的都市。

於是，我建議我們以嚴肅的心情，一起走向「台北老街」！

作為一位「台北老街」的「導遊」，我並不具資格，只因我是大稻埕人，應該要有這種勇氣。

「大稻埕」，一個多麼親切的鄉土地名，可惜被歷史淹沒了，被人們遺忘了，現在青少年，已經少有人知道台北市曾經有這麼一個名為「稻埕」的地名。

如今，有人問我是哪裏人，我總是以「維桑與梓，必恭敬之」的語氣，答稱：「大稻埕人」。

我出生的大稻埕是建街清末的建昌街，當時已被日本人改稱為：「港町」。童年歲月，我未得嗅及稻香，卻聞得茶香；曾在「亭仔腳」踩著鋪成如地毯薰茶用的茉莉花上跑，也曾攀著疊成像一座城堡的茶箱爬，當然也涉過淡水河的河水、玩過河岸的沙堆……對於一個都市兒童來說，這一切宛如鄉下孩子的捉泥鰍、焢番薯、灌肚猴（蟋蟀），一樣地富於樂趣。

鄉下孩子可以穿梭於田埂，奔跑於草叢，而我卻是在「老街」踱來踱去，貴德街我走過千萬遍，迪化街至少也在小學時代來回走過六年；童年歲月，我並不知道這條歷史街道的歷史故事，但是，我熟悉每一棟建築的造型，山牆、女兒牆、匾額的多采多姿裝飾，也是我繪畫的素材，小時候，我的圖畫是很受到誇讚的。

總督官邸

THE OFFICIAL RESIDENCE OF THE GOVERMENT OF FORMOSA.

我了解的雖然只是台北的一隅，卻帶領大家同覽大台北，應該說是有所備而來，不是「不識（音八）路，夯頭旗」。這本書的付梓，懇切地希望大家由了解台北，目前台灣的首善之區開始，進而去認知台灣的一市一鄉、一鎮一村，能夠心懷鄉土，放眼世界，雲遊天下時，才不至於「迷失」，或是連「歸人」或「過客」的身分都不清楚。

蹉跎老街，有心之士，盍興來乎？

舊版序於一九九一年四月三日

總督官邸

認識台北──河、街、印象

之一 河

河流是台灣的血脈，正如中央山脈是台灣挺直的脊梁。河流孕育了一個地域的歷史、人文、文化、經濟；一條河流，正是一條血脈，不舍晝夜，源遠流長地流著、流著，載著人的感情、希望，流向不可預知的未來。

中南部搖曳在暖風中飽滿金黃的稻穗，是濁水溪、大甲溪賜予的養分。

南台灣矗立在驕陽下突飛躍進的工業，是高屏溪、林邊溪賜予的資源。

流動在台灣土地上的血脈，北部有淡水河；這一條台灣「腦部」的血脈，匯集了大嵙崁溪（大漢溪）、基隆河、新店溪，貫穿了台北盆地，它是台北市的生命之源。

迤邐蜿蜒的淡水河，發源於以海拔三八八四公尺雪山為主峰雪山山脈的品田山，正是「山之巔，雪之鄉」。

品田山在大霸尖山之南，山勢壯偉嶙峋，淡水河的源流在此，汩汩而流的流水，自是靈秀清澈。

我記憶中的淡水河流域，正如我就讀國小四年級所收錄的一篇課文：〈靜靜的淡水河〉。

（一）

靜靜的淡水河，
從廣大的田野流過，
帶來深山裏叢林的氣息。
松針和苔蘚把你染綠了，
柔媚的綠色的淡水河！

（二）

靜靜的淡水河，
從都市的邊緣流過，
帶來人群的快樂和奮勉。

晴空的映照把你染藍了，
歡躍的藍色的淡水河！

（三）

靜靜的淡水河，
在茫茫暮色裡流過，
帶來夕陽下大地的祥和。
晚霞的閃耀把你染黃了，
美麗的金色的淡水河！

（四）

靜靜的淡水河，
在點點星光下流過，
帶來深夜裡人間的安泰。
明月的凝視把你染白了，
潔淨的銀色的淡水河！

而今，靜靜的淡水河不再是綠色了，不再是藍色了，更不是金色和銀色。

這一條台北市的母河不再是柔媚的，不再是歡躍的，更不再是美麗的和潔淨的。

雷灝隆攝影作品 -- 台北橋下魚滿載

眾所周知，淡水河變成了污濁，而且更因為惡臭和缺氧而被宣判死亡了。

於是，我們對淡水河產生了疏離感，並且用防洪牆、高架道路來圍困它，「河的故事」因而沉澱了，人們不再關心孕育我們的河流，來自何方？去往何處了。

沒有了淡水河的台北市，將是一個沒有歷史的城市，將是一個沒有文化的城市，不論它是如何富足、如何進步、如何繁榮、如何現代化，心靈上必是空虛和沉悶的，因為後代子子孫孫將不知我們是如何走過那段好長、好長的悲歡歲月！

之二 街

艋舺、大稻埕、台北城——所謂的台北「三市街」，是台北市的「原型」，這三個「聚落」的發展，先後有序，而且各有其成長背景，也因此街道的布局、房屋的造型，也各有其獨特的個性。

艋舺和大稻埕都有過商船麕集、帆影林密的年代，是同屬於「商業

社區」，只是艋舺是閉塞的，而大稻埕則是開放的。

艋舺在一八二〇年代，已儼然是台灣北部經濟、政治與軍事的中心，和台南、鹿港鼎足而立，這個由漢人移墾、建造的市街，經歷了漳泉械鬥、異姓爭鬥，產生了強烈排他性，形成了保守性格。

淡水河床的淤塞，使這個由「番漢交易」之地所形成的郊商殷盛的市街，逐漸地走向了衰敗，將其貿易市場拱手讓給了「下游」的大稻埕。

分類械鬥，被三邑人追、趕、跑的同安人，退入大稻埕，和以後在新莊方面戰敗遁入大稻埕的漳州人，本著「同是天涯淪落人」的心，攜手合作，在奇武卒社故址，建立了新的家園。

艋舺人的褊狹民族思想，阻止了外國人「協助」它振衰起敝的機會，倒是大稻埕人接受了西方資本的投入，在歐風美雨下，加上自己的打拚、進取，逐漸地繁盛起來；大稻埕不僅在「台北」取代了艋舺的地位，更因為保有了「台灣風格」，成了台灣的「明日之星」！

一八八〇年西方資本主義國家的東進，震撼了東方古老的王朝，風中殘燭的大清帝國，在法國人的挑釁之前，完成了台北城的建築，這一座偏處海隅的帝國最後城堡，連著台灣在馬關條約談判席上，作為甲午戰爭打敗仗的籌碼，輸給了搭上世界「帝國俱樂部」列車的日本人。

為了抗拒自己被賣身，台灣居民擁護著清國官吏，揭櫫著「民主」大幟，成立了「台灣民主國」，並且祈求獲得歐美的承認，只是日本人不肯輕易放棄戰利品，揮軍前來強制接收，台灣人的血肉終敵不過船堅砲利。

日本帝國對於擁有的海外第一個殖民地，不免自炫一番，在經濟上推行「工業日本，農業台灣」的建設之餘，不忘將台北修飾得更近代化，以展現帝國實力。這些對「本島人」（台灣人）自稱「內地人」的日本人，劃定了「城內」是他們的統治權力中心和居地，次第蓋了不少的宏偉建築，更修築了好幾條寬闊大道，而且都市計劃的藍圖，眼光也一點都不膚淺，全是循著「百年大計」去規劃，畢竟他們認為「太陽旗」是永遠不會西墜的。

「本島人」雖然受盡屈辱、卑視，在政治上不能「伸腳出手」，但是憑著移民後裔的海洋性格，在商業上展現了身手，大稻埕能在大正年代，用「自己掙來的錢」，建造了那麼多具有「台灣風格」的西洋建築，令後生的我們，也不得不為之驕傲！

更重要的是，大稻埕本著其「開放性格」，采擷和接納當時風起雲湧的民主思潮和民本精神，促使了台灣新文化的萌生，無論文學、戲劇、音樂都有可觀成就，難能可貴的是「本土性」意識堅強，將日本統治者定位在「非我族類」上；這就是「大稻埕人」與「台灣人」曾是同義字原因所在！

歷史的軌跡，能留痕之處並不多，「台北老街」保住了一些當代的建築，雖然已經都是在風燭殘年之中，畢竟幢幢都是歷史見證物，它能夠矗立，便是我們的幸運，這種「歷史教材」是獨一無二，不能再求，誰能忍心讓其消毀呢？

之三　印象

代表一個都市的「外觀」，莫若建築，建築的造型、風格、年代、色澤；都能訴說這個城市的歷史，今天的台北市保有的歷史建築不多，已經沒有了「面」的形觀，大多是「點」的散布，僅有的「線」，可能就是爭議著要不要擴寬拆建的迪化街老屋了。

我們能夠以什麼形象來代表台北市呢？

艾菲爾鐵塔令人想及巴黎，國會建築令人想及倫敦，白宮令人想及華盛頓，自由女神令人想及紐約，美人魚雕像令人想及哥本哈根……而什麼令人想及台北呢？

一九九〇年代民間舉辦了一次「市標」選舉，主辦單位選定了十一個「標的物」：

故宮博物院
圓山飯店
龍山寺
台北火車站新站
省立博物館
北門
中正紀念堂
國父紀念館
世貿中心
迪化街
木柵動物園

票選的結果，「台北火車站新站」當選，然而，甫落成使用不久，而且還在整修門面的新站，果真是最佳「市標」嗎？

世紀末的台北市，為什麼只能找出一座新建築來代表台北市？況且其設計、功能尚待評估、還需考驗呢！

愛國獎券上的台北公園。

邁進廿一世紀，二〇〇三年十一月十四日，台北市啟用了當時世界最高的建築物，「台北一〇一大樓」，眾人目光的焦點，都仰望著、它五〇八公尺的高度，認為足以代表「新的地標」，但是「台北精神」能在這座巨無霸的高樓，綻放出來嗎？

＊＊＊

歷經四任市長，討論了許多年的台北市市花、市樹遴選，一九八六年十一月二十七日在台北市「推動全市綠化指導委員會」決議下塵埃落定，市花選中杜鵑，市樹挑上榕樹、樟樹，最後送請市議會議決，「以杜鵑花為台北市市花；以榕樹為台北市市樹」，這項挑選「台北市文化精神建設的表徵」的定奪，是否恰當，當然是見仁見智，況且還有多數的台北市民不知市花、市樹是啥？遑論其代表意義了。

台北老市民都認得一個用了六十幾年的台北市市徽，那是日治時代制定的，在一九二〇年台北市未施行市制之前，「台北廳」即著手徵募市徽，一共有五千三百二十件參加應徵，最後決選中這個最為簡潔，且饒富意義的設計，脫穎而出，將小篆「北」字圓形化，又變成松葉形的設計，象徵著台北市的進取、堅毅、宏壯；其外型且酷似一個人兩腳直立，雙手旁扠，有頂天立地之勢，不僅簡單易畫，而且令人印象深刻。

但是，台北市政府以「為加強精神建設，革新現仍沿用之日治時代市徽，藉以振奮民心」，決定徵求新市徽，然則，長時間總是挑選不出好作品來。

新市徽企圖象徵的意義，台北市政府公布如下：

（一）充分表達本市蓬勃發展，邁向安和樂利之都市建設目標。

（二）發揚本市純樸、敦厚、和諧之傳統美德，並具有本市獨特之風格。

（三）激發市民進取奮發及團隊合作精神。

（四）喚起市民「吾愛吾市」之感情。

一九八一年九月二十五日，台北市議會法規審查委員會初審通過了市政府所訂定提送的「台北市徽、市旗設置辦法」，於是新市徽呼之欲出了。

新市徽外作梅花造型，內由「北」、「市」兩字組成，其式樣的文字說明為：「梅花之內以白色為底，梅花五瓣及『北』字為紅色；用陽文顯示『北』字，陰字顯示『市』字，陰陽互為一體。」

「綠色執政」時，為破除「梅花情結」舉辦了新市徽再設計的徵選，以致市徽再度被更新。

新、舊市徽，在設計上的優劣，我不置評，如果只是行之已久的市徽產生在日治時代，非「革新」不可，那是不足取的想法，畢竟舊市徽的設計是由漢字去推敲，完完全全沒有日本精神或東洋意識；

1. 舊市徽，對老市民來講，有著綿綿的舊情。
2. 第二代的台北市市徽。
3. 綠色執政後，現用的市徽。

如果因為是源之於日治時代而應該「革新」，這種做法值得商榷，我們還不是保存了總督府，改稱為總統府在使用嗎？監察院就是當年的台北州廳等等。試想看看，如果我們能夠利用日本人規劃的公園綠地，不變更用途、不改變計劃、不任意佔用，一一去開發，一一去建設，今天的台北市在水泥叢林中可以見到的綠地會更多，一九三二年的「大台北都市計劃」所規劃的公園，迄今還未開發完成。

我們自己如何給台北市定位？給台北市一個清晰明朗的描繪呢？

今日，台北市給人的形象，有蓬勃朝氣、奮發昂揚的一面，也有衰頹耗敗、悲觀怠惰的一面；「百物皆貴，居大不易」則是公認的事實。

為著「唱出新希望」，台北市教育局急著訂定「台北市市歌」，我在報上看到了市歌歌詞，不僅驚愕、而且失望，誠如一位老音樂家告訴我：這接近一百八十幾個字的歌詞，誰會去背唱它呢？唸著：「台北的街道，細繪著整片海棠葉脈。」的市歌歌詞，心想，如果台北市的街道，只為背負著「海棠葉脈」的地名，而不去探索它綿亙不絕的歷史意義，和承先啟後的教育價值，那豈不是「悲情城市」？

「台北不是一天造成的！」從移民市集、殖民城市，一直到現代成為國際性的大都市，不是一時「平地起高樓」的，所有的一磚一瓦、一石一樹，都是和著血、淚、汗去砌築、去灌溉。

「台北老街」，親切地呼喚著我們多去造訪、多去徘徊、多去思索。

品讀老街　走訪歷史

寫在卷頭：帶著懷舊心情　一覽老台北

思古幽情，宛如靜寂的夜晚啜著一杯清茶。

懷舊思古，不是耽美，而是喚醒記憶、找到溫情、尋回歷史。

歷史台北，絕不會因邁進現代化、國際說，讓「老台北」被淡忘。

台北歷史，應不能因重視近代說、科技論，讓「老台北」被曲解。

走讀老台北

台北的生命史，必得「細說從頭」，要了解歷史台北、認知台北歷史，才能對台北「一覽無遺」。

走讀老台北，必須攜著懷舊的心情，才能達到思古幽情的意境。

老台北，一本厚重的歷史書，從何翻起？怎麼閱讀？

三千年前的碳化米，在芝山岩考古遺址被發現，這段史前史的重要性，不言而喻。

「古早時代」，說來話長，按下不說；近代台北，從何起算？

一七〇九年，一張陳賴章墾號開拓台北平野的契紙，讓我們解讀漢人集體拓墾「大佳臘」的紀錄。三百餘年前，開疆闢土的先驅，應該未能料到日後「荒野起高樓」的現象吧！

大樓如雨後春筍林立的台北市，現代化推展進程太快速了，令人感覺有如置身幻境，也因此令我們不得不去了解台北是如何走過來的，鑑往知今，有其必要。

往昔台北，「三市街」是原型，而原點竟是原義為「獨木舟」的艋舺。

艋舺、大稻埕（含大龍峒）、城內，即是三市街，位於瀕臨淡水河東岸的三個「社區」，台北市的最初構成就這麼大，市民不到二十萬人；今日生活在都市叢林的人，應該會有帶著懷舊心情，去做思古探索的興趣。

遊艋舺，是懷舊思古的啟程之地；接著，再造訪大稻埕，而後進入「城內」，如此覽遍三市街，很容易解讀歷史台北，進而清楚台北歷史。

回首三市街，深度探索

三市街—艋舺、大稻埕、城內，各有其時代背景，從什麼角度做深度旅遊，才可達到事半功倍的效果？我的建議是這樣：艋舺，以「宗教之旅」做重點，參訪清水巖祖師廟、龍山寺、青山宮，了解這三座廟、寺、宮，其宗教信仰、廟會活動、市集形色，可以看清楚老台北歲月身影，當然，剝皮寮歷史街區這個「活標本」也必得順道走走，庶民生活鮮活呈現其間。大稻埕，參訪港町（貴德街）、永樂町（迪化街）、太平町（延平北路）此日治時代代表台灣人「本色」的三大町通，循著一九二〇年代的非武裝民族運動

日治時代的台北城內街景。

歷史遺點，以及一九三〇年代的「台灣新文化運動」澎湃時期的歷史景點，將可知道「自覺年代」的台灣史，是多麼可歌可泣！

城內，雖不見一八八四年完工的台北城牆，但殘存原貌的北門，清楚地訴說城起城落的興衰故事。日本治台五十年，所規劃的市街、興建的官署、「三線路」和殖民建築，足令吾人反省日本帝國主義所欲展現的「西化建設」。

帶著懷舊心情，走讀「三市街」，何止令人思古，畢竟厚重且有深度的觀光視野，是需從歷史的源頭出發！

艋舺的第一街是今日的貴陽街，也堪稱「台北第一街」。大稻埕的第一街是今日的迪化街，大家所熟悉的年貨大街。城內的第一街，應數哪一條？台北城於一八八四年竣工後，城內街道布局已依衙門、寺廟、店屋有所規劃，是故難求哪條街是最早的答案。而且日治後的「市街改正」，原先的「市容」，已經變化太多。不過，啟程的地點，可從北門跨入延平南路出發，因為它是日軍進城之路。

舊照片上的北門。

艋舺古風貌，時空隧道

貴陽街二段底，是從前的渡口，俗稱「番薯市街」，正是艋舺起源地，為古早漢人與平埔族以物易物的地點，雖然今非昔貌，但懷想當年划著「艋舺」（獨木舟）來做買賣的原住民，如何和漢人比手畫腳「對話」的情形，令人有如闖進了時空隧道。走出「渡口」，近貴陽街二段二一八號，即是青山宮，祭祀泉州惠安人供奉的「靈安尊王」；此廟農曆十月二十日至二十二日，三天的祭典，是艋舺盛事，夜間繞境的「暗訪」，已被台北市政府文化局指定為「無形文化遺產」。

清水巖祖師廟坐落在康定路，供奉清水祖師，乃泉州安溪人的鄉土信仰神，早在一七八七年（清乾隆五十二年），就由唐山分靈過來。此廟於「頂下郊拚」的移民械鬥被焚毀過，重建於一八六七年，見證了台灣移民的一頁慘烈歷史。

龍山寺坐落於廣州街二一一號，主祀觀音，一七三八年動工興建，是「三邑人」（泉州晉江、惠安、南安）的信仰中心，台灣經典的寺廟建築，石雕木刻之精巧細緻，令人嘆為觀止，是台灣名剎之一。

艋舺的宗教信仰，除佛、道教外，加拿大傳教士馬偕創辦的艋舺教會也需了解，當年被視為「異教」的基督教如何獲得當地黃、林、吳三大姓的諒解，建蓋了教堂，也是台灣開發史的一頁。

1. 清代艋舺舊街景象。
2. 日治時期的台北州立台北第二中學校，設校於萬華的艋舺清水祖師廟附近，一九二五年（大正十四年）於台北市中正區創建校舍，翌年夏天落成遷入啟用。一九四六年改名為台灣省立台北成功中學，即今日的台北市立成功高級中學。

「剝皮寮」老街在老松國小南側，它可是老艋舺的縮影，歲月跡痕似乎被凝固在一磚一瓦、一木一石之上。

茶香大稻埕，時代光影

從艋舺觀看大稻埕，首先勾起的是一八五三年那場激烈械鬥的歷史，「頂下郊拚」敗走的同安人亡命到大稻埕。

大稻埕拜一八六〇年台灣開港之賜，和茶的加工，快速崛起，所謂「沉艋舺、浮大稻埕」，事出有因；「一府二鹿三艋舺」從此成了歷史名詞。

迪化街是大稻埕的門面，給人的印象已從曬稻穀的農耕之地，蛻變成商埠市街，華麗中西合璧的特色老街和南北貨只是其絢麗的一面，台北霞海城隍廟威鎮街中，「五月十三人看人」（註：為慶祝城隍爺誕辰，廟方於農曆五月十三日進行遶境祈福活動。）的沸騰盛況，譽聞全台。

二、三〇年代已經蒙塵的歷史，是在大稻埕寫出來的。二〇年代，台灣非武裝抗日運動的史詩，一

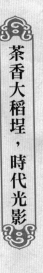

一八九五年 風俗畫報中的大稻埕河岸風光。

句、一段、一篇，讀來都擲地有聲。寧夏路的靜修女中是台灣文化協會的創會地點；延平北路的義美公司是蔣渭水開設的大安醫院，天水路的台灣民眾黨本部、貴德街的港町文化講座，都是「自覺年代」的歷史遺址。

三〇年代，「台灣新文化運動」推至頂端時，新文學、新戲劇、新美術、新音樂、新歌謠，無不與大稻埕關連緊密，三〇年代的文學少年、前衛劇作家、留日畫家、流行音樂創作者，他們足跡遍及大稻埕，值得我們去探索，無論是咖啡廳、劇院、民宅，都有過他們的身影，解讀之後，就有故事、就有歷史。

迪化街之西，貼近河岸相齊的貴德街，更是懷舊的歷史後巷，追溯及台灣建省時，巡撫劉銘傳推動的「洋人街」——千秋街和建昌街，足以見證以後被名為「茶街」的茶香歲月殘景。

延平北路，昔名「太平町」，有「台灣人的市街」之稱，是和日本人所稱「台北銀座」——榮町（今衡陽路），可抗衡的本土色彩濃厚處。

大稻埕在「三市街」的名下，其實還包含大龍峒在內，原為昔有「三戶（步）一秀、五戶（步）一舉」美譽的書香之地，今日台北孔廟、保安宮、老師府都是讓人瞻仰之處。

大龍峒位於淡水河與基隆河交會之處，在台北開發史的次序，僅晚於艋舺，卻早於大稻埕，「四十四坎」今雖無跡可尋，但行走穿越哈密街，可以滿足踏尋古代書香之幻境。

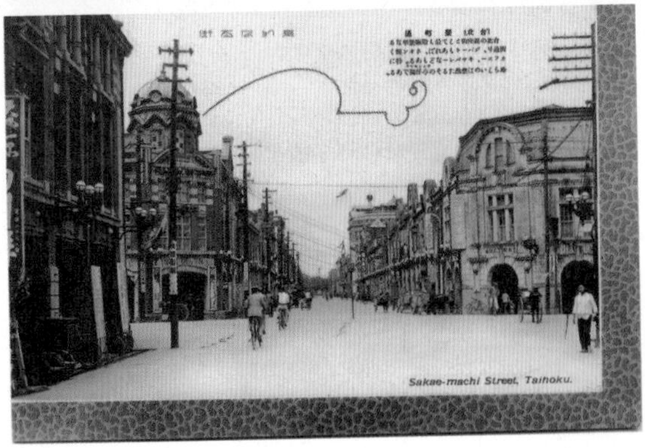

1 4
2 5
3

1-2. 被日本人稱為「台北銀座」——榮町（今衡陽路）

3. 榮町夜景，右前方有音符符號者為三〇年代的古倫美亞唱片公司。

4. 不同角度的衡陽路。

5. 今衡陽路、重慶南路交叉處，左前方建築曾為東方出版社舊址。

THE OFFICIAL RESIDENCE OF THE GOVERMENT OF FORMOSA.

台北舊府城，殖民建築

「來去城內！」這句話是從前台北人的一種期待，這個「台北府城」所在地，不論是清領、日治，都是政治與經濟中心。

一八九五年，日本統治台灣，視台北為「島都」，也因此將「城內」視為「西化實驗區」；一九〇〇年左右，拆除城牆，擴建「三線路」，也逐步將清代所遺留的巡撫衙門、布政使司衙門、文廟、武廟、天后宮，以及陳、林宗祠一一拆毀，由留學歐陸的建築師著手做市街改正、建物設計，明治維新推動的「西化運動」，建築部門，落實在城內。

走進城內，不僅能欣賞「殖民建築」，雖然每個人都會為那些富麗、莊嚴的建築體所震撼，畢竟充盈著「西洋建築語彙」的台北賓館、總統府、監察院、最高法院、台灣銀行、國立台灣博物館、中山堂……都是日治時代「一時之選」之作，這些建築除了「建築史」外，還有更厚重的「殖民史」；譬如：總督府坐落地點是陳、林宗祠，北一女原是文廟、法院前身是武廟、國立台灣博物館則為天后宮、中山堂是布政使司衙門……從今視古，一頁一頁的歷史，映入眼簾。

懷舊之旅的台北行，絕對是「不虛此行」的，因為你踏尋的一街一巷、一磚一瓦、一石一木，都有歷史的沉澱記憶；懷舊思古，幽情綿綿，行走台北，覽讀歷史，意猶未盡！

台北老街

第一章

艋舺到萬華的興衰

淡水河畔，原住民划著獨木舟而來；與渡海生根的漢人交換貨物的岸邊，逐漸生起聚落。那是艋舺、現在的萬華，初生的故事，台北，就從這裡開始，逐漸擴展成一座城、一座都市，在風華之中的滄桑與浪漫，就從水邊的一隅，開始。

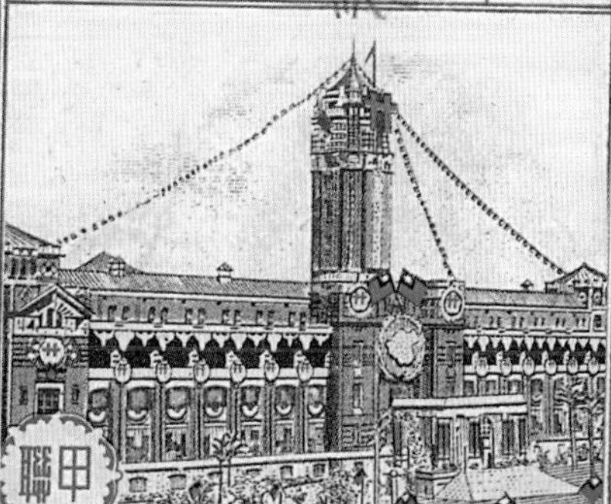

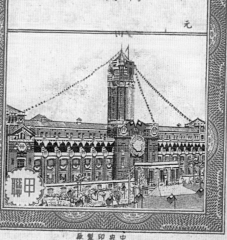

台北市的母河

河流是都市的生命動脈，也是孕育都市生命的臍帶。泰晤士河之於倫敦，塞納河之於巴黎，還有萊茵河與多瑙河之於歐洲各名城，均有其相互倚賴之處。因此，我們知道，河流與大都會是一體兩面的關係。但是淡水河與台北，卻沒有能夠相輔相成。

從日治時代，河岸旁，即築起了一道宛若城牆的防洪堤防，劃開了依存的關係，更甚者，我們在今天摒棄了淡水河，淤積不管、污染不理，使得台北市沒有辦法以一條河流來增加它的亮麗、美譽，這是十分可惜的事。

淡水河是台北市的母河，它孕育了艋舺、大龍峒、大稻埕；有艋舺才有大龍峒、大稻埕，也可以說才有台北市，台北市的發展史，是由艋舺奠基的，不幸它也衰退得最快，但歷史痕跡已刻於艋舺，任誰也不能磨平。

且讓我們來追述淡水河孕育的台北市第一個都會區。

台北市的發祥地

台北市的發祥地是大嵙崁溪（今改名大漢溪）和新店溪匯流成淡水河之處。

台北盆地原為平埔番凱達格蘭族所居，西、荷據台，仍是「草萊瘴濃，居者多病」的時期，所以僅有少數漢人在淡水河畔，從事漁耕生活而已。明鄭入台，政經建設雖尚不及北部，但此時移民，似應較以往為多，《淡水廳志》云：「淡水之開墾，以琪哩岸始」，可見唐山移民在台北地區的開闢，此期僅限於淡水河下游今日的北投、石牌、關渡一帶，而台北平野似乎還是蠻烟瘴雨、榛狉未啟之境。

入清後，因南部的土地，大多有人捷足先登，各有其主，閩、粵移民乃視北台為「新大陸」，據連雅堂著《台灣通史》卷三經營紀所記：「（康熙）四十七年（一七〇八年），泉州人陳賴章（註：應為墾號）與熟番約，往墾大佳臘之野，是為關闢台北之始。」大佳臘（清後通稱「大加蚋堡」）可說是當時台北平原的總稱，墾戶

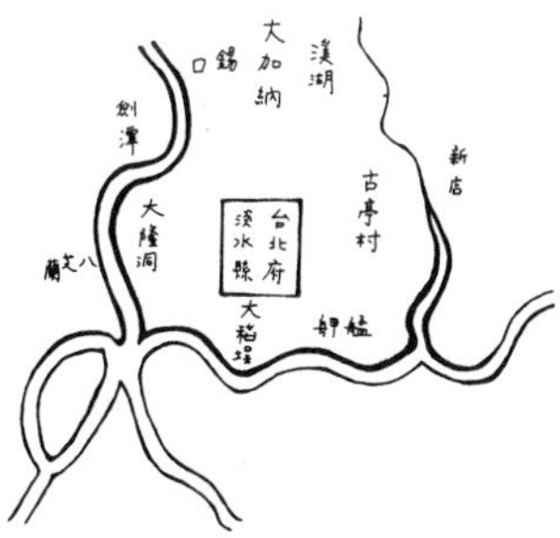

「台北府全圖」的特寫：西南方瀕淡水河的艋舺是台北市的發源地。

陳賴章招募漳、泉兩地移民，著手開荒，寫下了台北開拓史的第一章。

以泉州人為主的唐山移民進入沙麻廚社故址大溪口（今貴陽街二段尾及環河南路二段，淡水河舊第一號水門處）蓋了數間茅屋，建立了拓墾最初據點。

此後，移民一批一批加入開拓行列，愈聚愈多，從大溪口東方曠地，築成一個小小市街，這是台北街道的濫觴；原住民見有人烟，不時划獨木舟載運土產前來與移民貿易，交換布匹與日用品，因此岸邊群舟蝟集。原住民稱獨木舟為Man-Kah，這種水中小舟，在文獻上的記錄有：

「視沙間一舟，獨木鏤成，可容兩人對坐，各操一楫以渡，名曰莽葛，蓋番舟也。」（郁永河：《渡海輿記》）

「蟒甲獨木挖空，兩邊翼以木板，無油灰可艌，水易流入，番以杓不時挹之。」（黃叔璥：《番俗六考》）

「番民往來，俱用蟒甲。」（余文儀：《續修台灣府志》）

「莽葛」、「蟒甲」都是獨木舟的譯名；「台北帝國大學總長」（即今台大校長之職）幣原坦博士解釋說：「番人稱番舟為Man-Kah，又番舟蝟集之處，亦稱為Man-Kah」。主編《民俗台灣》的池田

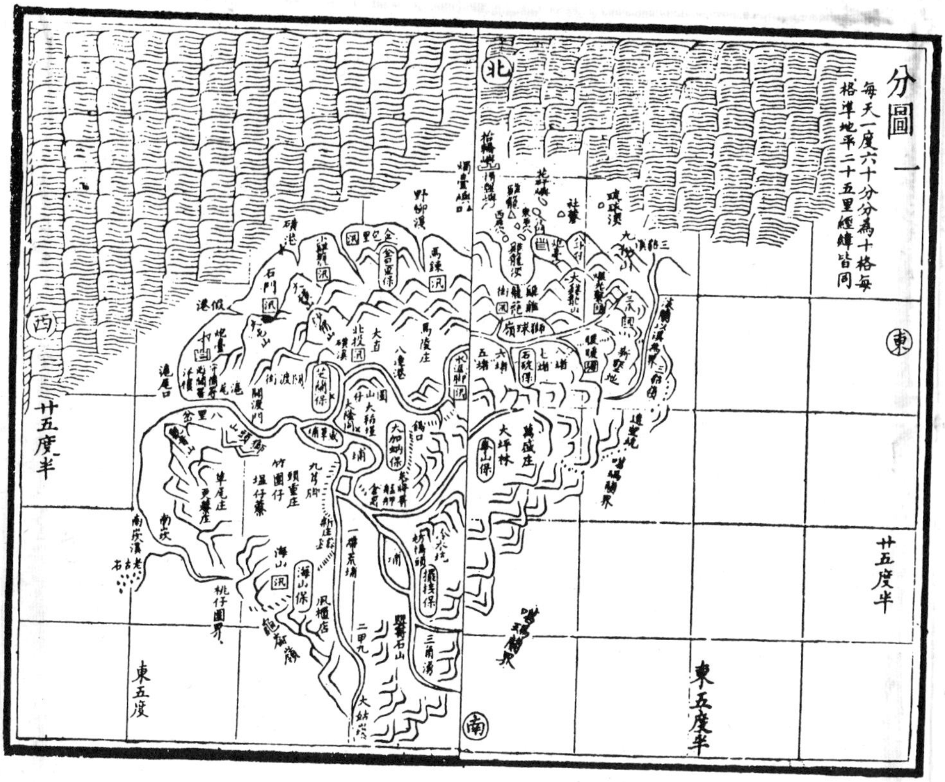

一八七一年（同治十年）《淡水廳誌》可見艋舺、大稻埕、大隆同。

敏雄於所著《艋舺小記》中云：「……漢人便以莽葛或蟒甲，來表示番舟，以艋舺來表示番舟蝟集之處以別之。」他更進一步指出：「因為昔時的艋舺，是一處很好的渡頭，有許多的番舟蝟集在這裏，於是艋舺一語，原指淡水河一隅，後漸變為艋舺一帶的名稱了。」

台北市第一條市街

原住民和漢人交易的土產，以番藷（地瓜）為最大宗的交易物，因此這番舟蝟集河岸的買賣墟場，被名之為番藷市，街衢形成，順理成章被稱為番藷市街。

台北的第一條街道，成了以物易物的趕集市場；後人認為番藷市其名不雅，乃改諧音為歡慈市街，即今貴陽街二段一部分。日治時代，此街改稱：「入船町」，顧名思義，是淡水河的帆船入岸之地。

艋舺建街，就北台來說，還是遲了一些，隔河對岸的新莊，當時已是很繁榮了。新莊因圖向外發展，於是艋舺成了發展潛力雄厚的新生地。果然，隨著移民的激增和墾務的發展，艋舺市街後來居上，成了北台最繁榮的地方。當然，大嵙崁溪河床淤塞，使得新莊沿岸，商船停泊不便，轉而出入艋舺渡頭，

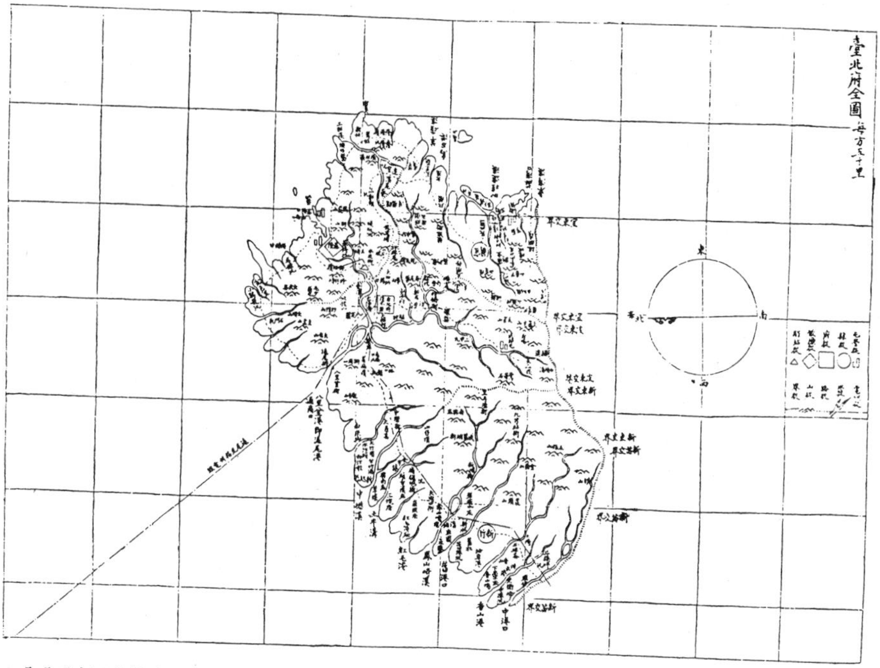

一八八八年（光緒十四年）的「台北府全圖」，在方塊的「台北府淡水縣」右下方可找到「艋舺」。

亦大有關係；不數年，墾殖的業戶、佃人以及商人共同的努力，促使了艋舺躍登台北平原各街莊的第一大都會；也為台灣的第一大都會區，奠下基礎。

艋舺新社區，因之也成了官署駐移的地方。一七五九年（乾隆二十四年），淡水轄八里坌之營都司吳順首先移住艋舺，次年（一七六〇年），淡水堡坊里之中，已轄古亭、艋舺渡街內之十四庄，始見「艋舺庄」名。

一七九二年（乾隆五十七年）八里坌開港，泉、廈船來此貿易，溯河而上艋舺，使這小渡口成為大商港。而後，一八〇八年（嘉慶十三年）台協右營游擊移來，改稱艋舺水師游擊；翌年（一八〇九年）新莊縣丞遷移艋舺，改稱艋舺縣丞，雖廨署仍在新莊，但這個位於淡水河西岸的商埠，儼然又成了北台——竹塹（新竹）以北的政治中心。

一八二一年（道光元年），噶瑪蘭通判姚瑩撰《台北道里記》，有謂：「艋舺民居鋪戶約四、五千家，商船聚集，闤闠最盛，同知歲半居此，蓋民富而事繁也。」

乾隆末葉至道光初年，艋舺經泉州三邑人（晉江、南安、惠安），勤奮經營，帆影林密，郊商發達，時有「一府二鹿三艋舺」之稱，在當時全台市鎮，艋舺的繁榮僅次於台南府城、鹿港而已，是台灣第三大城。一八七五年（光緒元年）欽差大臣沈葆楨奏准創立台北府，即建議將府治設於艋舺。

萬華之名的禪機

艋舺之名，雖至今仍活在台灣人的口碑中，但是，卻很少有人知道這兩個正字如何寫法？都是以萬華書之。其實，萬華怎麼讀法都沒有「艋舺」之音，縱貫鐵路從台北站南下跨新店溪前的萬華車站，是日治時代遺留的地名，萬華的來源，有一段典故，只是大家都遺忘了。

艋舺其名不雅，係淡水河同知曹謹最先有此看法，時於艋舺西南營建艋舺書院，他有意以「文甲」

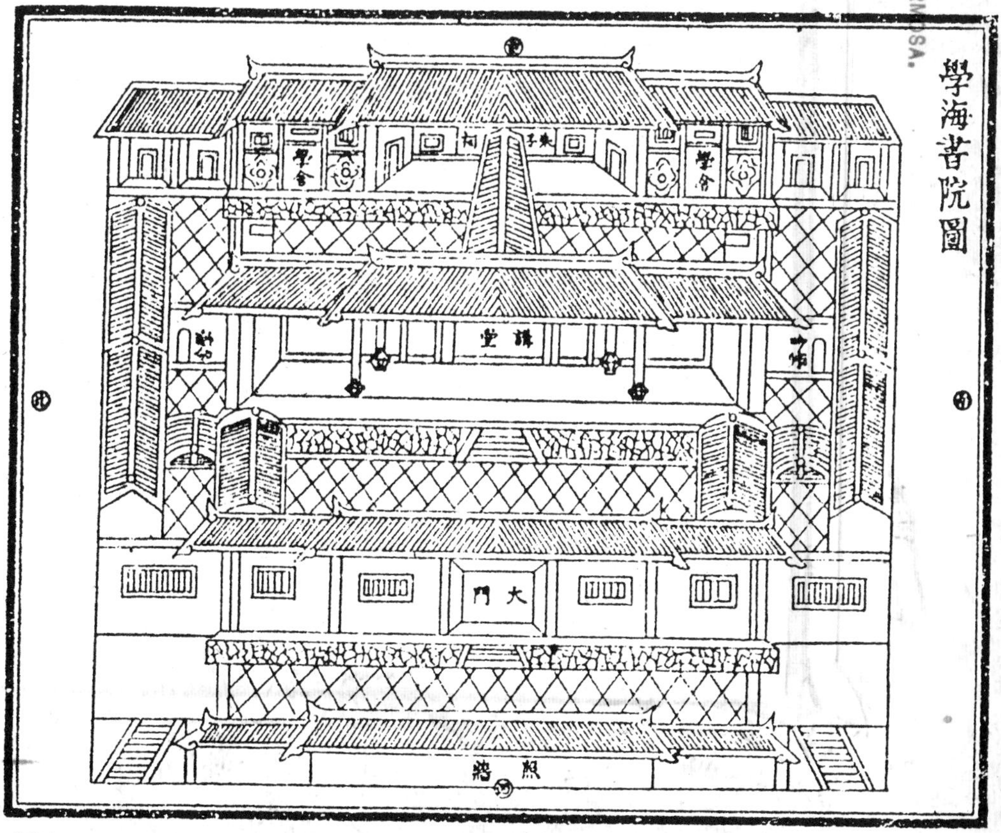

「學海書院」當初想以「文甲」為名，沒有成功；駱子珊有學海書院懷古詩：「散策淡江濱，龍山景象新；緬懷追往哲，回首憶前程。華國文章貴，觀風士氣伸；茫茫將墜緒，肩仔屬吾人。」

易艋舺，稱「文甲書院」，但學院建成後，被題為「學海書院」，文甲終不留名。

此區之盛，源於「艋舺渡頭」。詩人墨客見渡口風帆片片，題了富於詩意的名稱「艋津」，可惜也未見流傳。

一九二〇年十一月一日，日本人實施「台灣地方官制及行政區域」改制，台北方面，廢原台北廳直轄之艋舺、大稻埕、大龍峒三區，始設台北市，隸於台北州。此三個老台北地名，於焉而廢。

艋舺、大稻埕、大龍峒成了歷史名詞後，日本人單獨將艋舺改稱萬華，據說是當時民政長官下村海南靈思頓生的佳作，但據林衡道另一種解釋說：「日本是佛教國家，佛經裡面的一句話曼陀羅華，取曼、華兩個字日語是同音，叫做萬華，日本人把這一句話用來做為萬華的地名。」不過從《台北文物》第二卷第一期的〈艋舺專號〉，以及其他有關紀錄，林衡道的解釋，並未被認為公論，萬華是否真有禪機，則不得而知了。

剝皮老街，鄉土教材

剝皮寮歷史街區在老松國小南側與兩邊的廣州街、康定路；康定路一七三巷是清代來往古亭庄的出入口，仍有早期艋舺人的生活街景。

老松國小，曾是世界學生第一多的小學校，學生人數最盛期時，超過一萬人以上，那個年代，政府一再倡導節育，「生男生女一樣好，一個孩子恰恰好」的宣傳口號，也難壓制人口成長，逼得政府單位徵收「剝皮寮」作為老松國小擴大的校地。然而，日後生育率急速下降，少子化的結果，徵收的剝皮寮如何「活化」，成了討論課題。

剝皮寮，這個地名在清代古文書的地契，稱為「福皮寮」、「福地寮」，日治有「北皮寮街」之名，不知何故，民間以「剝皮寮」稱呼，而引起此地的產業是剝獸皮、製皮革，還是剝樹皮做木料的猜想。

剝皮寮，又有「土炭市」之名，因為早期也是煤炭販售地。這排老街面臨廣州街，東臨昆明街，西面康定路，前行不遠，越過西昌街即是龍山寺。

當年，政府徵收的目的，是作為學校用地，拆遷原住戶的製本所（印刷裝訂廠）、茶桌仔店、旅舍、浴室、醫館……後，重新修繕後的歷史街廊，以「台北市鄉土教育中心」和文化局做活化經營。

剝皮寮，保存艋舺生活記憶，不論是「國學大師」章太炎曾居留於此，或呂阿昌醫師懸壺之處，更可談論的是，一個充滿土氣息、泥滋味的地名，剝皮寮老街，不僅是古風電影取景之處，也應該作為鄉土教育傳承的所在。

剝皮寮歷史街區一景。

育嬰堂碑，救濟見證

台北仁濟院是艋舺開發史最早的救濟事業，起源於板橋林家於一八六六年（同治五年）所創設的保嬰局，初期以救養女棄嬰，後成為救濟貧苦幼童機構，留有「育嬰堂碑」作為台灣古早救濟事業見證。

一八七〇年，淡水同知陳培桂於艋舺養生堂街（今廣州街二四三號）創辦「育嬰堂」擴大撫養棄嬰孤兒。日治，一八九八年，第四任台灣總督兒玉源太郎號召重整慈善事業。台北縣知事村上義雄提議設專職機關「仁濟院」。而後演進成養老、醫療、救濟等多元「濟世」事業。

紙醉金迷的萬華

城市繁華到一個程度，也是它墮落的開始。所謂的遊里—酒家、妓樓、娼寮—必然產生；道光年間，艋舺即有青樓豔妓，凹斛仔街出名的「趁食查某」（賣春女郎）芳名，不但名噪全台，隔岸

艋舺遊廓，謝明錩水彩畫，1998年。（謝明錩提供）

的福州、泉州，也有知其豔名，想一親芳澤的人士。光緒年間，這些銷魂窩，入晚以後，旗亭燈火輝煌，絃歌盈耳，妓樓娼寮，呼么喝六，紙醉金迷的生活，北台的第一位傳教士馬偕，在他一八七五年的傳教日記，有如此記載：「……艋舺的居民，老少都日日為錢而勞苦，為現款！現款！他們是物質主義者，執迷的淘金者。」

艋舺人沉淪於萬華世界，難怪這位洋教士，要伸手拯救了。

萬華寶斗里的綠燈戶，說起來還有一段歷史可尋；日本治台後第三年（一八九七年），首先有二位日本九州妓女，來台北「趁食」（趁，賺也），以後，一波又一波的日本妓女，聞風來台淘金，使台北地區「貸座敷」、「料理店」如雨後春筍，而且都暗藏春色。

日本當局覺得色情如此氾濫、放縱下去，不是辦法，決定規劃遊廓（即風化區）管理，他們選擇了今西園路一段與貴陽街二段交叉處起（即歡慈市街），向後經華西街（舊大厝口街）至第一水門，包括寶斗里（凹斛仔街），轉過桂林路（舊後街仔街）迄於西園路一段交界處為「艋舺遊廓」，由「有明町派出所」（今萬華分局）管轄。

日治後，風化區的規劃，使艋舺豔名四播；日人井季和太在《興味的台灣史話》，有一段記載：「據明治三十二年，（註：一八九九年）六月十七日的花柳粹誌第一號，在艋舺支署（註：警察分局）轄內，同年五月現有的貸座敷有五十五家，料理屋有七十三家，飲食店有二十九家。藝妓一二五人，娼妓五〇一人。」貸座敷、料理店、飲食店的女人，分稱娼妓、藝妓、酌婦，艋舺遊廓的風花雪月，令人咋舌。

艋舺改稱萬華後，萬華遊廓更名副其實，據說，當年的尋芳客，只要登上人力車，說聲：「萬華！」就會被帶到此風化區來，萬華淪為今日敗柳殘花匯聚之地，令人無奈；也讓台北市蒙羞。

外國觀光客來到福爾摩莎，有人指明務必安排要到 SNAKE STREET 一遊，所謂「蛇街」指的就是「華西街」；隱藏在傳統背面那詭異、神祕、奇妙的氣氛，不僅金髮碧眼的洋人好奇，東洋人也稱異；有著劇毒的眼鏡蛇、百步蛇在「蛇店」內服服貼貼，任人宰割；還有各地的名點小吃、中級消費的華洋百貨，使「華西街夜市」成了海內外聞名觀光街。散落在康定路、西昌街的佛具店、繡莊，以及專賣藥草有「青草巷」之稱的西昌街二二四巷，則是令人漫步有悠悠古意的街道；三十公尺長的小巷，因葱葱綠綠的藥草而盎然生趣，有我們熟知的蘆薈、芙蓉草、九層塔，也有聞所未聞的鳥不宿、不留行、白馬屎……多少人的宿疾、病痛，「採藥」於此，獲得痊癒，沒有人會去了解的。

艋舺的殘夢，在這些街衢去尋覓，那遺忘歲月的影子，可以浮現一、二吧！

萬華河濱，遠山傍水，以前風光秀麗，正當圓山、川端（螢橋）、水源地還是交通不便的郊外時，此處是台北人的好去處，遊人如過江之鯽，尤其是夏季納涼，臨岸接受淡水河徐徐清風，乃一大享受；因此每屆暑期，沿岸幾家刨冰的棚屋，結上一盞一盞燈籠，入夜，「冰」市燈如晝，河岸夜色，更加炫目，竹棚屋雇小姐招攬遊客，又出租小艇，河岸景致以及隔著一道防洪堤防的娼樓，各有風情。

一九二九年，日本人在河岸經營水上餐廳——「牡蠣船」，售日本料理兼酒食，每艘船有四十蓆左右，繫靠岸邊，最盛時有三艘，幾使艋舺河岸成了不夜城。不久，更出現一艘巨大洋船剛都拉（Condola）號，擺出西餐、咖啡，並有西樂助興，這艘酒船還有上、下樓之分，算是豪華型餐館；也因此淡水河第一水門到第二水門沿岸，各地人們紛至沓來，景色十分熱鬧。

可惜，好景不長，一九三一年的一次颱風，吹垮了水上餐廳，只剩下一艘牡蠣船，戰後還存放好一段時間。艋津夜色，從此開始暗淡。

艋津褪色，其實何止夜色，此一台北市的發端地，我們能尋的蹤跡，應是那些古剎、隘門？抑或渡頭、書院？還是那些人人共棄的娼寮？

萬華有怒放之期，也有凋謝之日，潺潺淡江，潮起潮落，但卻永不休止地對我們訴說著這個鄉土的興廢故事。

木舟艋舺，風帆風車

艋舺，台北市發源之地；最早的風華歲月，曾是北台灣繁盛的代表地方，「一府（台南）、二鹿（鹿港）、三艋舺。」在台灣開發史，何其重要！

淡水河流域的「艋舺港」，風韻演繹，從「老街」的故事，可以窺知；開拓年代的「番薯市街」，被日本人改名「入船町」後，貨運集散的港埠，已漸淪落成運輸人來人往的渡江；艋舺的船，沒有了帆，船身愈變愈小，港口積淤，「大船入港」變為泡影，「萬華」之名取代「艋舺」後，老地方不見萬象繁華，反而由實轉虛，從盛變衰，但老骨仍硬，歷史廟宇，依舊香火嬝繞不息，思古之旅，應該從宗教探訪開始。

龍山寺、祖師廟、青山宮，這三座寺、廟、宮，是艋舺的三大廟，其實，艋舺「五路十神」多得很，代表先民移墾精神信仰的重要，畢竟肉體要與天爭地奪，需要神明保庇，老祖宗在台北盆地一鋤一鏟打造老街，「老天有眼」就是他們流血、流淚、流汗的見證。

乾隆年間的地藏王廟和鄰近的大眾廟（昭顯廟）是移民拓荒的「羅漢腳」不幸淪落成孤魂野鬼安魂之所。

料館媽祖廟坐落昔「料館口」，亦即木料集散地，和大稻埕「茶郊媽祖」相互輝映。廟中配祀番王爺（池王爺）是保護入山伐木煉樟的工人，不受原住民的傷害，還有已不存的水仙宮，奉拜中原夏朝治水的大禹，今桂林路、西昌街交叉處，仍被稱「仙宮口」。

主祀、奉祀的各路神明，各有傳說，和艋舺諸多傳奇故事，息息相關。

日治時期艋舺渡頭，謝明錩水彩畫，1998 年。（謝明錩提供）

河乃莊，一九五〇年代萬華的歌廳。

「艋舺大拜拜」，在每年農曆十月，廿、廿一、廿二有暗訪遶境活動，是慶祝青山王聖誕，奉祀泉州三邑人守護神的「青山王」；即是「靈安尊王」。

因「頂下郊拚」移民械鬥被焚燬的祖師廟，是艋舺興衰的見證，安溪人的守護神「黑面祖師公」寶座重新修復的廟內，祂應為先民無端的「私利」和「原鄉情結」，鬧出人命，感到惋惜。

保守的艋舺人，趕走同胞，也不容洋人，加拿大籍馬偕博士將基督教長老教會，傳入艋舺，備受艱難，當地黃、林、吳三大姓以「艋舺有三大姓，就不容有基督教，有了基督教，三大姓就遷離艋舺。」但是馬偕的感召，終於在今貴陽街建造了艋舺教會。

南下的縱貫鐵路，由劉銘傳時代經行新莊，改由從萬華進板橋往南飛駛，使萬華一度有「貨物轉運站」的商機，但終不敵社區衰退，「萬華一現」，失去過往的燦爛。

第二章

台灣第一名剎
龍山寺

台北老街

遠渡的人們總是追尋著信仰的溫暖，低頭、默禱、焚香，青草巷旁的龍山寺；聚集了人們的希望、撫平移民的不安，經歷多次戰火倥傯、增建補修，終於，成為台灣第一的名剎，虔誠祝禱的所在。

中央印製廠

艋舺（萬華）的三大廟門是龍山寺、清水巖（即祖師廟）與新興宮，而龍山寺、清水巖（即祖師廟）和大龍峒的保安宮，又並稱為台北市三大廟門；龍山寺不僅名聞北台，昔日還曾博得「台灣第一名剎」的美譽，熟知這座廟宇的歷史，當知以前所謂：「一府二鹿三艋舺」的盛況。

龍山寺位於廣州街；廣州街，東起博愛路，西至環河南路。這一條艋舺早期的市街之一，有「古蹟

1.「鼓鐘醒綺夢，艋舺指迷津。」（顏雲年），龍山寺的香客來自全台，觀光客來自全世界。
2. 清水巖祖師廟。

街」的雅稱，懷抱著虔敬懷古的心情去追尋遺跡，等於重溫台北開拓的前幾頁歷史；「留連落日頻回首，想像餘墟獨倚牕」，誰不會對歷史的殘破，痛心疾首，歉疚愧憾呢？

廣州街底，環河南路旁，今高氏宗祠，是昔日的學海書院。道光初年至光緒年間，這裏的淡水河口岸是裝卸木料的地方，稱「料館街」，是為「木材街」之意；昔日新店溪上游盛產樟樹，由水路運此交給「料館」（木品加工廠），供作軍需造船。往東行，今仁濟醫院現址，是育嬰堂舊址，是同治年間（一八七〇年）淡水同知陳培桂，為收養孤兒、貧困人家子女及矯正溺女惡習而設，今留有「淡北育嬰堂碑」。

梧州街北側巷口有黃姓祖祠，係江夏種德堂和燕山祖祠古蹟所在。

小巷華西街，目前仍留有九曲巷痕跡。二百二十三巷口有清嘉慶年間「隘門」為當年民間防禦警戒的關卡，今「艋舺隘門」已改水泥牆，並供奉土地公，原貌已失。

位於廣州街二一一號的龍山寺，寺前道路清時稱「龍山寺街」，日治時逕名為「龍山寺町」，名正言順，今稱：「廣州街」，真恐後代子孫訛誤為是「老廣」建闢或群居的街道。

名聞遐邇的龍山寺，源遠流長，有著不少的軼聞掌故，傳聞鄉梓。

建廟傳說普遍

唐山子民渡台，他們將落腳處從南部移到北部的時候，北台仍是一片蠻荒瘴癘的地區，這一片新墾地並不是他們想像的「人間樂土」，而是充滿著危險、艱難，因之有「三在六亡一回頭」的俚諺。十個唐山人橫渡黑水溝到北台，能夠落腳生根，僅占了十分之三；其他的十分之六因水土不服或受不住瘴癘之氣，葬身此地；剩下的十分之一，則吃不了苦頭，乾脆返鄉，不再久留。

雖然，移民台灣是需要冒險犯難，但是由於「台灣錢淹腳目」，還是有一波一波的閩、粵人民，鋌而走險，渡過黑水溝，來台灣謀取生機。

當時落足艋舺，以泉州所屬晉江、南安、惠安等三邑轄下的「頂郊」人為多，他們渡海前，為求得安心，離別故鄉前，必先到晉江縣安海鄉龍山寺，向觀音菩薩祈福，請求神明保庇一路平安，並將該寺的香袋，攜帶於身，以求得心靈上的安全感。

相傳，雍正年間有一位唐山移民，來到了現在龍山寺附近，在一棵榕樹下略作休憩，啟程前，他就地方便的時候，為了怕有所不敬，將護身的香袋解下，掛在樹枝上，想不到匆忙中忘了將香袋帶走；這只寫著「龍山寺觀音佛祖」的小小香袋，在月夜下，閃著光芒，驚動了當地人，以為觀音顯聖，紛紛前往膜拜，有人向菩薩許願，竟然得償，如是善男信女日增，乃有鳩資建廟之議。

58

1
2

1.「龍山古寺跡，安海溯丕基；文甲人奉祀，觀音佛扶持。」(朱俊英)，此照攝於日治時期。
2. 日治時期的龍山寺。

歷經災劫整建

龍山寺建廟的傳說，並不是「此寺獨有，別無分號」，桃園蘆竹鄉南崁廟也有類似的故事，因此只能姑妄聽之。

晉江、惠安、南安三邑人推舉紳商黃典謨為董事，開始著手募款，很快得銀二萬餘元，於一七三八年（乾隆三年）舊曆五月十八日興工，至一七四〇年（乾隆五年）二月八日始竣工。

龍山寺的所在，依堪輿家相驗地形，說是「美人穴」，因此寺前曾鑿水池作為「佛祖的鏡面」。這座水池在一九二三年二月被填平闢為龍山公園，亦即今日以小吃聞名的「龍山商場」。

廟宇建築期間，艋舺人派人到福建泉州府晉安縣安海鄉龍山寺，奉請觀音佛祖分靈，來台奉祀，因之此寺順理成章取名為：「龍山寺」。

艋舺龍山寺此後經歷了幾場自然災劫，一八一四年（嘉慶十九年）北部大地震後，艋舺地區房屋倒塌嚴重，龍山寺也不例外，除了佛座外，其他建築物全毀，當時董事黃朝陽、楊士朝發起募捐重建，於次年（一八一五年）完工。爾後，又遭遇一八六七年（同治六年）的颱風災害，亦經當時董事再鳩款修復。

如此再經歷五十幾個寒暑，龍山寺疲態漸露，丹青剝落，棟樑腐蝕，如不加以整修，必然有坍塌之虞，重建之議再起，當時的住持福智禪師，率先捐出了一生省吃儉用的儲蓄，而達「拋磚引玉」之效，今日宏偉壯觀、雕琢精緻的龍山寺得歸功於這一次的重新整建。

龍山寺精緻的雕刻。

唐山師傅修建

一九二〇年一月十八日，龍山寺動工重建，敦聘泉州惠安溪底唐山老師傅「益順師」（俗作「益順司」）的王益順來台擔任重任，當時他帶了姪兒王樹發和二十來名有雕刻匠、石匠、水泥匠、陶匠、油漆匠的班底來台，一九二四年三月廿三日工程完竣後，老師傅又承接了新竹城隍廟和台北大龍峒孔廟等工程，然後才返回泉州府。王樹發見台灣大有發展前途，就留了下來。由於龍山寺重建工程，做得美侖美奐，因此他的聲譽不錯，像彰化南瑤宮、南鯤鯓代天府、鹿港天后宮的整建等大小工程包了不少，因而致富，可惜老來無子，乃收養一名義子，叫王世南。

樹發師見義子並不好學，就帶在身邊，跟自己在工地上東奔西跑，想不到王世南耳濡目染，竟然懂得整套建築技術。有一次，木匠們大意弄錯了尺寸，一根橫樑怎麼擱，都放不進去，一時找不著錯的所在，大家真急壞了，王世南剛好走過來，很快便指出了錯處，樹發師此時才知曉他十六歲的螟蛉子，已有克紹箕裘的本領。

第二次世界大戰時，盟軍轟炸台灣，龍山寺的正殿及走廊於一九四五年六月八日被炸毀，只有觀音佛像端坐無毀，人人稱奇。戰後，艋舺人士再議整建被戰爭彈火炸損的龍山寺。自然而然，有此艱鉅工作，非託付給樹發師不可的想法，但是，此時樹發師病死，大家對年輕的王世南能否承擔此工作，表示懷疑，加以戰後民生凋敝，經費籌措不易，只草草修葺，未能踵事增華。一直到一九五三年，龍山寺已成中外人士來台北的觀光勝地，為壯觀瞻，正殿新建再被提出，但是龍山寺的整建負責人員，卻對王世南的信心不足；正巧當時台北縣有一座廟宇，因設計不良，致使工程中斷，此廟住持頗受困擾，龍山寺的住持與他有所往來，乃荐王世南前去解困，也想藉此考驗王世南的身手。

鐘鼓樓的轎頂三重簷是王益順的傑作。

王世南果不負眾望，完成使命，龍山寺方面對他的能力不再懷疑，將工程完全交由王世南承包，龍山寺大殿重建工程終於在一九五五年恢復舊觀。

艋舺龍山寺從一七三八年創建，平均每四十年重修整建一次，可見今日壯觀的規模，其來有自，不是一蹴可幾的。

聲望震懾官府

頂郊人為保護商業利益，私擁重兵，在淡水河設立關卡，凡是進來艋舺的船隻，所載貨物，他們都徵收百分之五的從價稅，他們的團結，使其信仰中心——龍山寺，也兼具了一種地方自治形態的組織；而幾次動武和「下郊」人爭鬥，龍山寺都是發號戰鬥命令的「大本營」。

一八八四年，中法戰爭時，法國軍隊攻打基隆，進犯獅球嶺，有人認為台北城終會失陷，而有南遷之議，艋舺人士認為豈可不戰而棄，群情沸騰，商議抗敵大計於龍山寺，並作成陳情文，蓋上龍山寺關防，前往晉謁劉銘傳，表示大家決定組織民軍，協助官兵死守台北，請政府勿有南遷之舉，同時關閉艋舺地方各隘門，阻止官兵南下，民兵且赴前線和法軍戰鬥，對逐退法國，居功不少。

劉銘傳就任台灣第一任巡撫時，銳意經營各項的建設，興築鐵路是最為人津津樂道的一項，鐵路由大稻埕起站，原擬經過艋舺「料館口」（今龍山國小附近）架橋過新莊，但是艋舺豪族黃川流以恐毀及他家門前的竹圍，加以反對，他寫了一封陳情文，擅自蓋上龍山寺關防，說是艋舺人士不歡迎鐵路經過，劉銘傳見龍山寺方面的輿情如此，乃下令改道，因此大橋改築在大稻埕了。

龍山寺關防，在傳說中有如此分量，足見龍山寺不僅是民間信仰中心，且受官方重視，可見其不僅是一座只供瞻仰膜拜的建築而已，還代表了眾多的民意。

雕飾精巧絕倫

龍山寺主祀觀世音菩薩，副祀釋迦佛祖、文殊菩薩、普賢菩薩、天上聖母（媽祖）、水仙王、註生娘娘、文昌帝君、關聖帝君、十八羅漢……號稱二百餘種神祇，可以說「神佛雜陳」。胡適博士第一次參觀龍山寺時，看見供祭著雞、豬頭，很是詫異，說：「怎麼佛教寺院，可以擺葷的東西？」文獻委員會的林衡道趕忙解釋說：「龍山寺不是道地的佛教寺院，只是民間信仰的通俗廟宇而已。」

龍山寺的雕樑畫棟、石刻木雕，精巧絕倫，使用的泉州白石及玉昌湖青石之多，獨步全台，前殿的一對銅鑄龍柱，更是台灣僅有，尤以匾額、柱壁的聯文，更是珍貴稀品，可惜因戰火、整修大多佚失了。

光緒敕賜的「慈暉遠蔭」、福建陸路提督孫開華的「慈雲普蔭」、曾玉明的「慈雲普覆」、浙江提督王得祿伯爵的「大發慈悲」、福建陸路提督林文察子爵的「此即是佛」……諸匾，皆被燒毀無存。

龍山寺門前的龍柱。

日治時期留下的龍山寺明信片。

柱壁聯文，頗多佳構，更添增艋舺龍山寺的藝術價值：

龍舸渡迷津，發大慈悲，只要眾生回首；

山門開覺路，入觀世地，更進十住安心。

安海真源分淡北；

龍山靈梵冠東瀛。（以上兩聯俱為魏清德撰，康有為書）

龍渡滄海而東，五百年來成樂土；

山環瀛州之北，大千世界闢沙門。（張純甫撰，陳秦書）

入佛門來，聲色俱化；

居淨土處，物我皆忘。（劉篁村撰並書）

不入浮屠境，焉知釋教尊，龕燈光白晝，寺磬鬧黃昏；

金碧三台冠，檀楠一殿溫，慈悲如我佛，香火合長存。

（黃贊鈞撰，鄭貽林書）

今日龍山寺過分華麗、浮華的裝飾，曾使學者專家引以為憾。民俗家林衡道即有如此評語：「……十八世紀法國路易十四時代的巴洛克和洛可可畫風，被美術史家認為裝飾過多，看不見面和線的美，所以評價得很低。如果從這個觀點來看，台北的龍山寺就犯有嚴重的巴洛克和洛可可的毛病。」

台灣廟宇裝飾過分的弊端，原因甚多，但不容置疑的是，它和文化、社會變遷，息息相關，也就是說一般人所認同的美感，已不是昔日的標準，觀之，今日台灣廟宇的規模，已經有好幾座和龍山寺不分軒輊，但是不僅在名望上無法和其並駕齊驅，在美感上也遜色不少，此乃龍山寺具有獨具的歷史和傳奇，永遠令人神往的緣故。此外，它在整個建築格局、裝飾上，還承續著傳統風格。龍山寺天井所使用兩座藻井及繁雜的網目如意斗栱，交錯構成令人眩目、讚歎的雕刻，以及鐘鼓樓轎頂式屋頂，成了以後台灣許多廟宇構造參考的對象。

研究台灣建築史的李乾朗教授對龍山寺的評價，可以讓我們更加體認這座「台灣第一名剎」的不同凡響：「以目前台灣所存廟宇水準來看，（龍山寺）應屬經典之作，它總結了清代以來台灣廟宇建築的美學觀點，重建後的簷口曲線較戰前為緩，上下簷間也加置吊筒，就形式之精練及裝飾性趣味而言，重建後的作品是極為成功的。」

台北老街

第三章

文風丕盛的大龍峒

在凱達格蘭族奔走的土地上，蓋起了同安人的屋舍；奎泵社成了大隆同、爾後成了文風鼎盛的大龍峒。孔廟的儒風施行、文昌祠的書聲琅琅，聚合成陳維英名噪一時的老師府，在翻出墨花、誦出詩聲的角落，至今仍可一窺大龍峒的溫文儒雅。

中央印製廠

矢崎千代二於一九三九年所繪製的大龍峒裏街。

大龍峒位於台北西北角，鄰近淡水河與基隆河交界處，其開發，遲於艋舺，卻早於大稻埕；昔日以台北市的行政區域——大同區來涵蓋大龍峒，並不全對，譬如說：當年劃歸中山區的圓山，往昔也是屬於大龍峒的一部分。

古老的大龍峒

大龍峒原為平埔番凱達格蘭族居住地，郁永河撰《裨海紀遊》記為巴琅泵社，後被奎母卒社合併，稱「奎泵社」。番社名於《番俗六考》、《諸羅縣志》作大浪泵；「泵」是投石入水之聲的意思，因何以此字入地名，不可得知。

巴琅泵社時期，荷蘭人於一六四五年曾做戶口調查，根據記載，僅有十八戶，七十二人；十年後（一六五五年）調查的數字，更是有減無增，為十七戶，五十二人，荒涼可知。

一七〇九年，墾號陳賴章呈請到官方墾照，開發台北，此處漸有漢人來往，成為同安人生聚地方，因此得「大隆同」之名，即同安人大隆盛興之意。

道咸以後，文風鼎盛，至同治年間，科舉取名，極一時之盛，而成為台北地區的書香之地，曾有十步一秀（才）、百步一舉（人）或「五戶一秀、十戶一舉」的雅譽，北台僅有士林一地堪與匹敵。由於文人輩出，遂有同音異字大龍峒之名。龍即卞氏六龍、荀氏八龍之龍，以喻賢才，峒為居處，大龍峒就是賢才眾多之地的意思。

民間興建的文廟

日治時代，台北孔子廟擇建於大龍峒，頗有意義，能代表此處曾是文風丕盛之地。原台北官建孔廟，係清季建於台北府城內，地當文武街（即今「北一女」與「台北市立教育大學」一帶），與奉祀武聖關公之武廟（今最高法院南側）毗鄰；此廟於一九〇七年日人將之拆毀。

一九二五年一月，台北士紳於永樂町（今廸化街）名中醫葉鍊金宅聚會；葉以台北市係首善之地，卻無文廟為憾；詩人陳培根即表示願捐獻大龍峒私地。而後，大家再聚於陳培根別墅素園，舉行協商會議，復於大稻埕江山樓設宴，邀集官紳商賈二百餘人議決建設規模及募款辦法。二月，成立台北聖廟建設籌備處，推辜顯榮為主理，常務理事八名，分為李種玉、陳培根、黃純青、楊仲佐、鄭奎璧、陳天來、蔡彬淮、連雅堂，另董事五十餘名。延聘泉州王益順為總工程師，周財繪製設計圖面。

1. 一九〇〇年的文武街，可見騎馬的日警。
2. 大正年間的文武街。

1
2

台北孔廟於一九二七年六月填地，八月東西廡興工，十二月大成殿興建；一九二八年四月舉上樑禮，次年大成殿竣成，崇聖祠、儀門、東西廡則分於一九三〇年八月前先後完成。後因募捐頓挫，工程停止了五年之久，迨一九三五年，再度復工，今日規模的孔子廟，大體係於一九三九年完竣的規模，較原設計圖「縮水」了不少地方；按原計劃是：中為櫺星門、儀門、大成殿、崇聖祠等四殿外，左畔前為明倫堂，後為朱子祠；右畔前為武廟，後為奎樓。

1	2 3

1.「龍峒魯殿勢凌雲」，孔廟的大成殿。
2. 謝斐元：「大龍峒上路，下車仰宮牆。」面臨酒泉街的「萬仞宮牆」。
3.「萬仞宮牆」裡面，有庭院之勝。

2

3

戰後，孔子廟添增了一座鋼筋水泥的明倫堂，外牆竟是洗白碎石子，唐突兀立，顯得極不調和，更令人微詞的是：明倫堂應該位在文廟的左邊，但違反常規蓋到右邊去了，另外，明倫堂原是講學的地方，卻作為民間活動團體的辦公處，孔聖有知，真要搖首嘆息。

這座屬於南中國式寺廟建築的大龍峒孔子廟和大浪泵宮毗鄰，進廟朝聖，還好能令人有濯心靜慮的感覺，此不得不歸功於庭園花木扶疏所呈現的盎然綠意，當然孔廟獨有的建築風格也有密切關係。

台北孔廟的石材都是由福建泉州所運來的泉州白石（花崗石），其石柱之多，冠於台灣地區其他孔廟。石柱上，沒有刻著任何楹聯，或詩詞，顯得清雅莊穆，這是表示誰也不敢在「孔夫子面前作文章」的緣故。

大成殿屋頂，左右各一的通天柱，這是遵循宋儒朱熹任福建泉州知府時，修建孔廟，為感於孔子「德配天地、道冠古今」而創議的古制，民間稱通天柱為藏經塔，是說秦始皇焚書坑儒時，有些讀書人為保存經書，藏匿在自宅屋頂煙囪，以避免被沒收燒燬，嗣後為紀念儒生護書之功，而在大成殿屋頂添建藏經塔。

各殿宇屋脊上共有十四隻龍首魚尾的鴟吻，相傳其能激浪降雨，孔廟亦裝飾此物，以避祝融。大成殿屋頂且飾有一群梟鳥，據說這種會吞食母鳥的「不孝鳥」也曾為孔子感化，慕道飛來受教；這可能是孔子有教無類的精神，最極致的表徵吧！

孔子廟全景。

樹人書院文昌祠

大龍峒的「四十四坎」過重慶北路，朝西走，還未到延平北路，有座儒家系統的廟宇是文昌祠，這座如今殘破不堪的古廟，畏縮在今延平北路四段電力公司所設發電所東側；在轟轟的變壓器運轉聲中，走進門前冷落的文昌祠時，其淒涼感油然而生，很難想像以前這裏曾是一片琅琅的學童讀書聲。

文昌祠創立年代已不可考，當必在咸豐年間，是清朝時期大龍峒地方學童上學的書房，有點類似日人的「寺小屋」或西洋人的「主日學」。日治之後，推行公學校教育，以致荒廢一時；一九二〇年代，當地士紳，也就是大龍峒孔子廟的發起人黃贊鈞、陳廷植等創議整修，今天所見四合院的殿宇，即是當年整修後的規模。

陳維英倡設於保安宮內的樹人書院，日治之後，改置於文昌祠，因此文昌祠有一個雅致別號：「樹人書院」，但是由於該祠僅是初等教育的書房，因此稱之書院，是誇大其詞了。

陳老師的老師府

艋舺自頂下郊拚後，市況一日不如一日，其生意漸被大稻埕所奪，而一些讀書人好靜，便擇居或就讀於大龍峒，而使此處成了書香之地。

大龍峒的靈魂人物應數陳老師，他不僅聲望最大，教化亦最著力。《台灣通史》（卷三十四）〈文苑列傳〉記陳老師云：

「陳維英，字迂谷，淡水（淡水廳，即今日北台）大隆同莊人，少入泮，博覽群書。與伯兄維藻有名庠序間。性友愛，敦內行。咸豐初元，舉孝廉方正；九年，復舉於鄉。嗣任閩縣教諭，多所振剔……」

陳維英生於一八一一年（清嘉慶十六年），逝於一八六九年，享年五十九。

陳維英先後掌教仰山、學海兩書院，並任明志書院講習，致時人尊呼為：陳老師。他在鄉里作育英才甚多，大龍峒能有書香之譽，他的功勞不淺。

一八六二年，戴潮春起義，淡水騷動，陳維英和地方士紳合辦團練，以衛鄉里，因功獲賞戴花翎。坐落於今日台北市延平北路四段二三一號的陳悅記祖厝，通稱「老師府」，也就是陳維英的故居。他是一八五九年（咸豐九年）恩科考試的中式舉人，本來正科考試應在前一年舉行，因英法聯軍之役而延遲。當年應考的有三千多人，中式正榜二百零五名，副榜三十四名；二百零五名中式舉人中，台灣得了十四名，成績差強人意。陳維英排名第一百九十八名，他當時是台灣府候補訓導。

「老師府」大埕目前尚存有兩對石雕旗竿，只要路過此處，即可知此宅人家為「書香門第，官宦之家」。陳氏一族，中舉之盛，甲於淡水；計舉人中式者三人：陳維藻（陳維英長兄，道光乙酉年）、陳維英（咸豐己未年）、陳樹藍（陳維英族姪）。補博士弟子員者十五人，內秀才二人：陳維藜、陳維菁（陳維英二兄及三兄）。經過大埕，一排大厝，掛滿匾額，有「文魁」、「詔舉方正孝廉」、「紫薇郎」等。進了大花廳，映入眼簾是陳維英的一對名聯：

數十年克儉克勤，祖宗創業；
第一等不仁不義，兄弟爭田。

此聯何只僅為訓其子弟，實是醒世的金玉良言。正廳之中，還刻有數聯，也是促人深省的佳構：

子弟侄，皆毋溺愛；
君親師，何以酬恩。

帝王禍福，報不在境之窮通，美名為福，惡名為禍；
仕宦榮辱，關非論官之大小，溺職則辱，稱職則榮。

陳維英持身謹嚴，自奉儉樸，不愧老師之風，他的起居室，懸有此聯：

衣食勿奢原父訓；
山林無事亦君恩。

陳維英晚年構書齋於劍潭前，圓山仔頂（今圓山），題曰：「太古巢」。「太古」兩字台語之音，

陳維英題於保安宮的聯。

近似「癩哥」（痲瘋病），有謂：「以極清雅之文字，來換去極污濁之名稱。」日治初期，圓山附近發現史前文化貝塚，「太古」之名，真有所預感？但依其吟唱的「即事詩」：「小屋如舟結新構，其間信宿絕風塵；明朝歸去誇朋輩，我是羲皇以上人。」顯然他是以太古時代的巢居人自況。

位於今日台北市啟聰（盲啞）學校後側港仔墘的老師府，以前的公車站牌叫老師里；乃是紀念陳老師里居處而得名，筆者為撰此文，曾前往老師府憑弔，見站牌已改稱：「污水處理廠」；想是公共汽車管理處為討好上級主管，惟恐市民不知道市政府這項硬體建設，而將此文化遺跡，棄之不名。

老師府昔時可是山水所鍾的好地方，眼前望去，觀音山好像一個筆架，右邊較低的山，則似文鎮，左邊平坦的山丘，像是書桌，難怪地理師說：陳宅風水是個靈秀之地。有關港仔墘地理的落敗，民間有一段傳說，我們姑妄聽之：

陳家一再科舉揚名，於勢於財，有漸與板橋林本源家在北台分庭抗禮的趨勢，使林家甚為不快，況且陳家係同安人，屬於泉州，而林家卻是漳州人；時漳泉不睦，械鬥時起時伏，漳州林家豈能在氣勢上遜於泉州陳家呢？林家於是謀計蓄意敗壞陳家。

板橋林家得知陳家之興，係得助於港仔墘風水好的緣故，於是暗謀一計，買通一位地理師去執行。

有一天，這位銜命的地理師來到港仔墘，他先對當地人盛讚此處地靈人傑，實為福佑之居。而後才

1.「保安宮」對面有鄰聖苑，庭園有吳真人「點龍睛，醫虎喉」塑像。
2. 保安宮前，一對張著大口的石獅子，這是不合雄獅張口、雌獅閉嘴的規矩。

1 2	

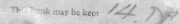

說：可惜有美中不足之處，不能福及子孫。港仔墘人顯然信服他的說詞，急問可有何增益後代的做法。地理師說了一番玄虛，才獻上一計說：「如果能在此處再掘一口八角井，那必然是如龍得水，錦上添花，後代子子孫孫，榮華富貴不盡。」

忠厚的港仔墘人，不知是計，大家集資，按著地理師的建議，擇於陳宅附近，開掘了一口八角井，致此港仔墘的風水犯沖，被破壞了。不久「老者相繼死亡，少者夭折接踵。」不僅陳族開始蹭蹬，港仔墘也從此一蹶不起了。

這一段傳說故事，只能印證一個事實：港仔墘今不如昔，但是板橋林本源也是一樣盛極而衰，因此，我們如果要從這個傳說，去領悟一些道理，不如以「好譽（有錢人；有寫作「好額」，實非。）無過三代。」這句台諺，去了解一些事實。

同安人的大浪泵宮

艋舺龍山寺、祖師廟、大龍峒保安宮，可說是台北有盛名的三座古剎；保安宮俗稱大浪泵宮，取名保安，寓有保佑同安人的意義。

保安宮內的裝飾，可見古地名。

大龍峒保安宮於二〇〇三年，榮獲聯合國教科文組織頒發「亞太文化資產保存獎」。

大浪泵宮係同安先民赴白礁祖廟，奉迎保生大帝香火，於一八〇五年（清嘉慶十年）建廟於大龍峒街（今哈密街六十一號）。保生大帝俗稱大道公或吳真人，俗名吳本，是北宋福建泉州同安白礁地方名醫；吳本醫德澤及漳泉二地，人人欽服；華南還盛傳他「點龍睛，醫虎喉」的神奇故事。

最膾炙人口的民間故事傳說是：明成祖元配孝慈皇后乳房生癰，群醫診治無效，有一位道士竟然以針灸將皇后的病醫好，成祖欲賜官職財錢，他一概不受，乘鶴而去。後查此人，竟是吳真人。太子仁宗即位，為感謝醫治母后之功，下令改建白礁吳真人之廟，並賜龍袍，追封為「昊天金闕御史慈濟醫靈妙道真君萬壽無極保生大帝」，這個封號，實在太長了，因此民間簡稱吳真人為保生大帝。宋朝之民，卻在明朝行醫，這類神話，姑妄「聽」之。

現在美侖美奐的保安宮，係改建於一九一七年；目前台灣供奉保生大帝的廟宇將近有一百五十座，應數大浪泵此廟的香火最盛，建築也最雄偉壯麗。

大浪泵宮營建之初，以大道公曾敕賜帝號，得享天子之禮，仍遵制設計五門，以昭示尊嚴，但因當時恐冒犯當朝，為避免構陷，改置三門，以至日治時代翻修，再無忌憚，乃就前殿兩端，增闢二門，以符五門之制。

大浪泵宮簷楣樑棟、門窗戶扇的繪畫，多半出自於張長春之手，張氏係本地人，人稱「臭頭年先」，工花鳥人物，更擅繪龍虎，雖是嗜好杯中物的「燒酒仙」，但作畫一絲不苟，原廟前正門所畫秦叔寶、尉遲敬德兩門神，即為其所繪，堪稱絕品，因此重修時，都會注意留其手澤。可惜後來主事人，既不懂「史」，也不懂「事」，竟將之層層彩繪描金，使張長春本就存世不多的作品，又毀去此巨作。

鎮守前殿中門的一對應該稱為牴牾的石獅子，和一般寺廟大異其趣，傳統規矩，一雄一雌的石獅子，應該是雄獅開口，雌獅閉口，然而打造的石匠，竟然將兩頭石獅子都雕成了張著大口，據說這位石匠為自己的粗心大意，引咎自責，不敢申請工資；這件軼聞，老一輩常引以為告誡後生小輩，替人做事，不得大意，以免白忙了一場。

四十四坎街道

大浪泵宮的宮西邊，原有四十四坎的架棟木造瓦蓋店鋪；四十四坎是指兩排店鋪計四十四幢的意思，「坎」是河洛話，商店一間叫做一坎。四十四坎每間的大小，一律地闊一丈七尺五寸，實內一丈六尺二寸，各起一進帶過水的透天厝，每坎店一模一樣，毫無差別。

四十四坎的建材，係由當時大龍峒首富王智記發起，鳩合陳、鄭、高、周、林、蔡等集資興建，以旱田為基地蓋了四十四間的整齊店鋪，四十四間架棟瓦店不獨取材相同、式樣相同，乃至門枋、戶扇、水井、牆壁，連零星瑣物，亦無不同。兩端還各設有兩座隘門以防盜寇；東邊稱：「小邑絃歌」，西邊稱：「大隆同」。他們更將餘款又買了墓埔、旱田，鬮約分成四十四份，每間各得一紙，詳載建置年月、出資金額、開支金額、結餘金額，十分詳細，「各執壹紙，永遠存炤」。

四十四坎合約作於一八一〇年（嘉慶十五年），店屋則於一八〇二年（嘉慶七年）興工，第二年（一八〇三年）十月落成。今日訛傳四十四坎係用保安宮剩餘建材所蓋，實在荒唐；保安宮是在卌四坎完成後二年，才捐建的。

今日建築業發達，蓋條商店街是稀鬆平常之事，往昔要營造像四十四坎這種有規模經營的商店街，可是大手筆。合約有言：「……竊謂合志同方，朋友常逾兄弟；通財建業，聯契即如連枝。」足見當年合建四十四坎的有志一同。

大隆同因有此四十四坎商店街，以後以此街肆為中心，逐漸繁榮，後以「頂街」名之，越今重慶北路的另一端，因係後來才發展，乃有「下街」之稱。

四十四坎街景。

賭、棋、拳頭三不入

大龍峒雖被讚頌為書香之地，但那畢竟是大戶人家為門聲家風，所造成的一時盛況，當地方漸漸繁榮時，一般市井小民也開始抬頭，就成了另一群代表性人物，平民生活就不再是詩書經禮了，他們以賭錢、下棋、打拳、唱曲為樂，大龍峒的沉默大多數，竟然對此四大娛樂技藝達到爐火純青之境，而有「賭、棋、拳頭三不入」的諺語，也就是說這三方面很少可以打入大龍峒的。如果你妄自跟大龍峒的人過招的話，必然被殺得片甲不留。

究竟大龍峒有那些高人具有出神入化的賭術，由於筆者手頭沒有這些資料，無可奉告，但是有關棋藝，卻有所記，因此下列故事，就當作賭、棋一併談之。

舉人張書紳家有一位廚師，名叫然仔，由於他閒暇時，還兼賣芋頭為副業，因此人稱「賣芋然仔」，他的象棋造詣高超，只是深藏不露。有一年，他隨主人張書紳到閩縣，為他侍候三餐，空暇之餘，經常一個人溜出去逛街，每當看見棋攤上所排棋局，他就一一暗記回來研究，了解致勝之道，第二天再跑出去破他，因此百戰百勝，從來沒有失手過。沒有多久，閩縣所有擺棋攤的棋士，都成為了他的手下敗將，往後，只要看見他優哉游哉地要走近棋攤，大家忙著起立跟他候教。賣芋然仔的棋藝，也就震動了全閩。

他後來隨主人返回台灣，有兩位遠地的舉人風聞他的棋名，特別趕到大龍峒想與他較量高低，然仔自知身分不足與這些讀書人高攀，不敢交手，張書紳勸他不必在意，然仔在主人慫恿下，和他們各自連下了三盤，這兩位遠客都輸了，不得不佩服然仔棋藝名不虛傳。

大龍峒拳頭興盛源自獅陣，獅陣台語叫做「弄獅」，以前都是由有武技的人擔任，大龍峒獅陣名震全台，農曆五月十三日霞海城隍爺祭典大遊行時，北台各子弟團的獅陣，必定全數趕來捧場「鬥鬧熱」，各獅陣雲集時，一定要禮讓大龍峒獅陣掛帥，走在第一隊，因此大龍峒獅被稱為老獅祖。

弄獅，是臂力、腳力要強而有勁的一項武藝，往昔大龍峒獅有名的拳師有「恐師」、「老螺師」等人，後來才有「金鳳」；可惜這些昔日以「保護鄉民」、「切磋武藝」的拳術，今日已經式微，更令人感嘆的是，獅陣至今已經變質，一些不務正業的人，滲入其間，使鬥技競藝的民間武術，竟成了角頭兄弟的娛樂了。

幾年前的農曆三月十四日，一年一度大龍峒「大道公出巡」遊行，筆者看了「大橋頭獅團」的精采演出，演出者像猴子似的，以靈巧手腳爬上被固定在一輛車子上，有五、六丈高的竹竿上，表演一齣肚臍開花的絕技，他以腹部頂住竿頭，伸張四肢，整個人就僅靠著這麼一點支點平衡在半空中，看得觀眾目瞪口呆。這種表演雖離漢代百戲中「撞木伎」尚有一段距離，但也可算是「技失求諸野」了。

最後談到曲。以前可沒有流行歌曲，曲當然指的是傳統曲藝，以南管、北管為主。而「曲館」為聚會操琴練唱的地方；早期以保安宮信徒組成的子弟團「龍華軒」，是北台地區最早的北管劇團之一，大花的杜宗和張吉都是以曲揚名的好手。

民主國的軍火倉庫

清代，在大龍峒有一座土城，位於今日大龍國小的後方，那時候，駐紮了一營五百人的軍隊。而今日圓山捷運站前，就是一座火藥庫；乙未割台，官紳成立台灣民主國，高舉義旗抗日，大總統唐景崧是位無勇無謀的人，根本無法控制全局，而且連兵餉都發放不出來，引起了大龍峒駐軍的譁變。統領逃入保安宮，才免於難；僅此一例，即可證之，民主國之亡，豈可諉推於天數？

日軍登陸後，節節迫近，唐景崧見事不可為，棄總統職，溜之大吉。民眾竟也在混亂中，爭著前往軍火倉庫搶奪火藥，有人失手，將火藥箱跌落於地，引起轟然爆炸。這一件事是老一輩大龍峒人，茶餘飯後講古的好話題，有些人還以目睹此景，蓋得驚心動魄。

滄海桑田，事事已非，每一處足痕都可能有一段掌故的大龍峒，今日竟是繁華台北市的一個不起眼舊社區，我們能遺忘這些歷史掌故嗎？

台北老街

第四章 大稻埕歲月 茶香與流金

茶香飄出了輝煌的流金歲月，歐風美雨下，一幢幢雅致的洋樓矗立，新運動、新風潮、新思維，皆由此而出；承接艋舺的一時風華，大稻埕走出了屬於自己的姿態，這是屬於台灣人的文化驕傲，庶民的記憶與生活，都在這一片土地上，搬演著台人子弟的悲歡歲月。

中央印製廠

台北盆地未開發前，原是一片荒煙蔓草、遍地沼澤之地；位於西北部的大稻埕，最早的先住民是屬於「圭母卒社」的平埔族，據說他們是經由三貂嶺進到基隆，而後由八堵、汐止、錫口遷徙至此的；圭母卒社，在文獻上又有圭武卒社（乾隆五年劉良璧《續修台灣府志》）、奇武卒莊（乾隆二十五年余文儀續修《台灣府志》）、奎府聚莊（同治九年陳培桂纂修《淡水廳志》）等名稱，為原住民語言的漢譯，乃「是各誌的纂修者或歷史的官吏，為求雅稱在文字上逐次加以潤飾的」（廖漢臣語）。

一七〇九年（康熙四十八年），墾拓集團陳賴章申請到官方墾照，開拓大加臘堡（大稻埕即是其一部分），此處始漸有漢人來往。咸豐以後，淡水河西南部的艋舺（萬華）因西北瀕淡水河，南倚新店溪，有河航之利，而首建繁華市街，北部淡水河與基隆河交界處隨後又形成大浪泵（大龍峒）部落，然此時大稻埕尚屬一片人煙稀少的寒村，居民只是少數農戶，他們從事水田稻作，並以布匹、酒等物與平埔族人交換鹿皮等物。

一八二一年（道光元年），噶瑪蘭通判姚瑩撰《台北道里記》，對大稻埕一無所記，足見大稻埕在當時還是沒沒無名。

一八六九年，淡水海關報告中，所提及的大稻埕僅是「艋舺附近一個小村」。

THE OFFICIAL RESIDENCE OF THE GOVERMENT OF FORMOSA.

直至一八七一年（同治十年）陳培桂纂修《淡水廳志》卷首所載淡水廳圖「分圖一」內，始見有大稻埕之名在圓山仔之下，於大隆同（大龍峒）東側出現；及卷五〈學校志〉義塾項下記有：「艋舺二，大稻埕一。以上係同治六年同知嚴金清設」，從此大稻埕三字漸在文獻上被人提及。

稻埕首墾，建市闢街

大稻埕這個充滿了鄉土氣息的地名，存在時間，沒有超過半個世紀，一九二〇年十一月一日，日人實施台灣地方官制及行政區域改制，在台北方面廢除台北廳直轄之艋舺、大稻埕、大龍峒三區，始設台北市，隸於台北州；大稻埕被裁廢後，沒有因此就成了歷史名詞，卻還留在台灣人的口碑中。

大稻埕船影。

大稻埕碼頭，謝明錩水彩畫，1998 年。（謝明錩提供）

1
2

1. 大稻埕河岸風光。
2. 洋樓使館並立的大稻埕河岸。

大稻埕，濱臨於淡水河，河航之利促使了它的成長，因此有了「稻江」的雅稱。一八五一年（咸豐元年），林藍田為了逃避海盜洗劫，從雞籠（基隆）移居大稻埕，這位原是以「賣搖鼓」（販賣雜貨的流浪攤販）維生的小生意人。於中街（今迪化街一段）建築店鋪，店號：「林益順」，這是大稻埕第一坎（間）店。

林藍田在還是只有綠意的農地營商的第二年（一八五三年），艋舺發生了「頂下郊拚」；下郊人（安徽、同安人）和泉州府屬晉江、惠安、南安三邑移民的「頂郊人」，常常為了一地一水之爭奪，一語一動之齟齬，發生打群架，不惜拿刀動槍，殺人燬家；這一場決定性的械鬥，使敗陣的下郊人放棄他們在艋舺的家居，護他們的神祇霞海城隍爺，逃命到大稻埕來。林藍田逃到大稻埕是一個家族為躲避海盜的洗劫，而頂下郊拚逃到大稻埕的林右藻則是一群鄉親逃離被人追殺而集體大逃亡。

同安人的領袖林右藻認為大稻埕有成為港埠的條件；遂和鄉人在此建立市街，他經營起兩岸貿易，並成立以廈門為主要貿易對象的「廈郊」，擔任郊長，「不論大小強弱，皆率由廈郊公斷。」林右藻不僅是商界領袖，也儼然成為地方的「公親」（和事佬），人稱「大稻埕開基人物」。

現代建設，肇基稻江

一八八五年，台灣建省；九月五日，劉銘傳出任台灣第一任巡撫。大力推行「新政」，自是劉巡撫治台的心願，因為他得以補償在中國任官期間，對現代化的建設建言，都遭朝野反對的遺憾。

劉銘傳計劃將大稻埕籌闢為台灣首善之商業區，進而爭取大稻埕國際商業地位，乃在千秋、建昌二街道（今合稱貴德街）規劃外僑區，由林維源和李春生等投資興建。沿街建築採西洋式二層連棟洋樓，內有地板、壁爐等西式裝潢設備，為台北初有洋樓建築之嚆矢。

建昌街、千秋街，除了是台北最早的洋樓街，也有不少有關「台灣第一」的事物，誕生大稻埕。

一八八七年（光緒十三年）三月，台灣第一所官設新式學校「西學堂」正式在大稻埕六館街創設。

一八八八年（光緒十四年），台灣第一所官設專業技術學校「電報學堂」正式在大稻埕建昌街創辦。

台灣第一座火車站「大稻埕火車票房」，建造於大稻埕河溝頭（今鄭州路近西寧北路一帶）；初築的縱貫鐵路自大稻埕北築至基隆，開始鋪建於一八八七年；自大稻埕南築至新竹始建於一八八八年。

1. 清末大稻埕火車票房，謝明錩水彩畫，1998 年。（謝明錩提供）
2. 台灣第一座火車站—大稻埕火車票房。

1 2	

依文獻的記載：還有郵政和電信支局、警察分署、稅務檢查所、地方法院等公共建築物，都集中在大稻埕。

大稻埕和「台北府城」（後通稱「城內」），可以說：一為經濟中心，一為行政中心。

茶香歲月，文化搖籃

大稻埕由海峽兩岸貿易的港埠，變成了國際通商口岸，源於清廷的門戶開放。

一八五八年，清廷以英法聯軍戰役，被迫簽訂《天津條約》，議定開放台灣港口為通商口岸，「台灣淡水」被增列於條約中。一八六〇年，繼簽下《北京條約》，開港付諸實現。一八六三年，淡水港的範圍包括淡水河口上溯的

大稻埕太平町街景。

艋舺、大稻埕。

「稻江人一舉一動就顯得與容易傾向於衰退保守的艋舺人相反，可說充滿進取性，且洋溢旺盛躍動的活力。」大稻埕人的包容心和奮鬥精神，終於創造出了「茶香歲月」的奇蹟。

一八六六年（同治五年），美國商人陶德（John Dodd）評估在淡水一帶種植茶樹和烘焙茶葉的可行性後，即從福建安溪引入茶苗，並貸款農民，鼓勵種植；第二年，悉數購買收成，運往廈門烘焙加工，如此產製分開海峽兩地，成本很不合算，陶德原找艋舺地區設烘焙設備，但遭到排擠，乃擇於大稻埕作為茶葉加工中心。

大稻埕成了精製茶葉生產地後，造就成了國際知名的「茶市」。

再製茶主要為烏龍茶與包種茶；當時享譽國際的所謂「台灣茶」（Formosa-tea）係以烏龍茶為代表，烏龍茶有「東方美人」的雅譽，洋人視為高雅飲料，其在國際商場行情之高，使外商趨之若鶩，洋商五行德記、美時、義和、新華利與怡和行都在大稻埕設立分公司，向英、美輸出烏龍茶；外國洋行從事茶葉貿易，為保障期貨儲存與運輸安全，也跟著成立保險業，兼有火災或海上保險業務；台灣保險業務的肇基與大稻埕有地緣關係。

外商來往大稻埕日益增多，美、德、丹麥、義大利等國領事館相繼在大稻埕設館（於今長安西路臨

近淡水河一帶），大稻埕成了台北較早接受歐風美雨的社區。日本據台的第二年統計台北地區茶行，

除城內府後街有六家，北門外街有一家，之外其餘的二百五十二家全部集中在大稻埕，顯見台灣的茶香歲月是大稻埕所締造的。

日本據台後，大稻埕的公共建設被輕疏了，殖民政府不僅將縱貫鐵路的路線，取消由大稻埕發車，而且於市區改正時，引導西方都市建設計劃觀點，竟然只重「城內」建設，輕忽大稻埕「更新」，造成了城內城外的「兩隔離」，「城內」成了日本人的盤據中心，而城外的大稻埕，成了台灣人的「本土社區」。

作為台灣人首善之區的大稻埕，變成台灣新文化運動的胎動地；推動抗日民族運動的「台灣文化協會」、「台灣民眾黨」、「台灣工友總聯盟」都與大稻埕有緊密地緣關係，而近代的美術、音樂、文學、新劇、歌謠、電影等，亦多以大稻埕作為活動中心。

「大稻埕」成為了歷史名詞的今天，如何去追尋它過往的「茶香歲月」，了解其「茶市文化」？走訪與淡水河平行的大稻埕南北縱向三條街道——貴德街、迪化街、延平北路，或許還可以捕捉些逝去歲月的光影；重踏歷史的腳步是沉重的，但是我們還是放鬆心情來領會「古早痕跡」；不過在做這趟「逍遙遊」之前，我們先讀一段文字，來做淺略大稻埕範圍的說明：

一八九七年（明治三十年）四月，台灣總督府告示第二十二號，外國人雜居地區城中，對「大稻埕」做此說明：

「大稻埕視為淡水港之一部分，以自艋舺街之北端瀕街為起點，出河頭溝街，通過六館街傍之溝渠，出直線達圓山新路，由約其三分之二程，出大龍峒庄之南端，入淡水河一線作為區域。」

一八九八年，大稻埕人口躍升台灣的第二位，已達三一、五三三人，僅次於以前的府城台南之四七、二八三人。

一八九九年，也就是日本統治台灣的第四年，曾對台灣五十四處主要市街做人口調查，以漢人居住地做統計，人口在一萬人以上有台南市街、大稻埕、艋舺、鹿港街、嘉義市街、新竹街、宜蘭城內、彰化街計八地。排名第二的大稻埕在大加蚋堡還超出其他市街加起來的總數呢！

台人街道，鐵道景觀

台北市鐵路還未地下化之前，從台北車站南下的縱貫鐵路需通過北門（承恩門）之前。

戰爭末期，研究台灣民俗風情的刊物《民俗台灣》創辦人之一池田敏雄說過這麼一段話：「過了北門的平交道，就進入了大稻埕，這兒不像城內的商店街道有那麼多日本人，所以有一種越境的樂趣。」

「出北門即大稻埕。」當時「城內」是日本人盤據的地方，充滿大和氣氛，儼然是日本國度的延伸，而城外朝北的大稻埕，純是「大漢」色彩，難怪這位熱衷台灣文化的日本人，喜歡「偷渡」出境觀光呢！

1
2

日本為慶祝在台始政四十週年而於台北車站建立的歡迎門。

一八九五年日軍進城油畫，由石川寅治繪。

進北門的「通道」，是延平北路，日治時代稱為「太平町」；「太平町」從北門前的鐵路「平交道」起算，到「台北橋腳（下）」（當年台北大橋引道在延平北路）止。「太平町」有「台灣人的街道」之稱，這條路可以說是台北市足以與城內「榮町」抗衡的商業街；「太平町」雖然沒有日本人的街道——稱為「台北銀座」的「榮町」（今衡陽路）繁榮，但是正因為其保有「台灣本色」，是台灣人很自豪的「街路」！

延平北路的第一座建築物是「鐵路管理局」，原址是清代機器局；一九一五年（民國四年），日本人在此蓋了這棟建坪達五六〇坪的二層磚造外觀壯麗的文藝復興式建築。北側的今「鐵路大禮堂」，則是劉銘傳興建台北到基隆鐵路時的牽引車修護場。

延平北路的第一個「十字路口」為鄭州路，朝東行便是台北火車站。

「鐵路地下化」之前的老台北車站，有「前站」、「後站」之分，以「天橋」連接，需購月台票始可通行。「後站」，人稱「後車頭」，或沿日本人之稱呼「後驛」；後火車站是在一九二九年建竣，宛若鄉間車站，很不起眼，想是日本人規劃時認為這是「台北的後門」，供台灣人出入的車站之緣故吧！北淡支線鐵路還在的時候，搭火車去北投、淡水大都以「後車站」作為出入處。

鄭州路朝西，往淡水河方面，今中興醫院一帶，即昔河溝頭東北隅乃「大稻埕火車票房」故址，是台灣第一座火車站，劉銘傳所闢行駛於「台北—基隆」、「台北—新竹」的鐵路，在此發車；清代的火車，每逢大稻埕的五月十三大拜拜，都臨時增駛加班車，以輸送人潮，而歲首年末和中秋等節，卻均停駛，此和今日每年節加班次的情形，大不相同。

北門引申的另一條街道是為塔城街，與南京西路尾相接，並可穿越進入迪化街。塔城街十三號是一座有鐘樓的海關大樓，乃一九九六年落成啟用的財政部關稅總局，辦公大樓內附設海關博物館。

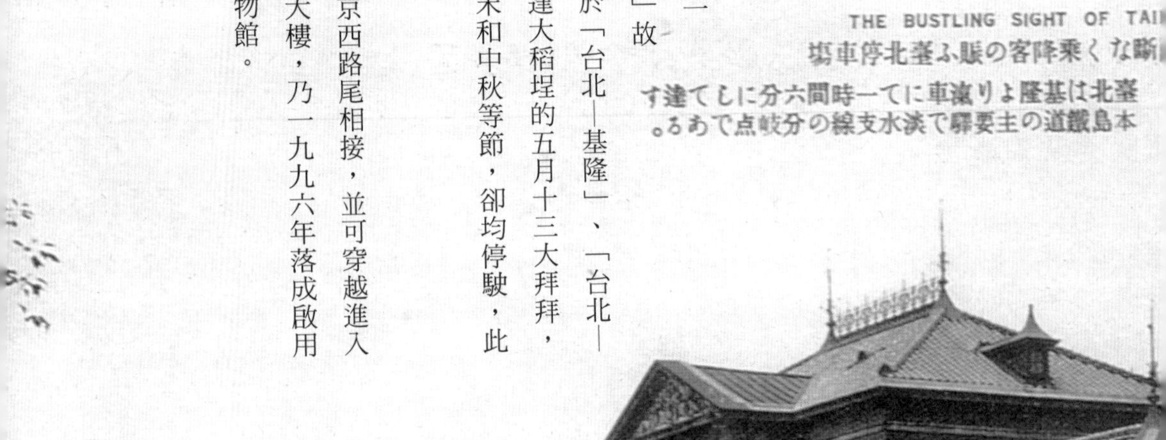

出了台北車站即可招攬人力車往四方而去。

石橋仔頭，稻新米市

鄭州路到長安西路，始有鐘錶、銀樓、服飾百貨的商店，「太平町」的盛況，稍可體認。走到這裏，正是延平北路、天水路、長安西路相互交會之處，俗稱「五條通」；耆老則稱此地為「石橋仔頭」，想是「稻埕」還在的那個年代，此處有「小橋、流水、人家」的鄉野景色。

長安西路口有一家營業了四十幾年的肉羹店，其滷肉飯、肉羹，香聞北市，惜因後繼乏人，今已歇業；天水路口，四〇年代有一家「學友書局」是出版家白善所經營，他創辦了《學友》、《新學友》、《大眾之友》三本雜誌，《學友》是很著名的青少年課外讀物，影響既深且鉅，在《諸葛四郎大戰魔鬼黨》之類的漫畫還沒有出現之前，《學友》是中、小學生的主要精神食糧，這本雜誌還催生了《東方少年》、《良友》等優良學童刊物，日治時代投效台灣新文學運動的作家如王詩琅、黃得時、廖漢臣、陳君玉等人都是《學友》系列雜誌的重要執筆人；台灣美術運動的畫家如李石樵、林玉山、盧雲生等也為這些雜誌畫插畫，如今他們的畫作，都是大家競爭收藏的對象，而且都為「國寶級」畫作。

東西向的天水路，有一間小廟，原已殘破不堪，稱為「瞿公真人廟」。這是劉銘傳所率領的河南籍軍隊，亦即台灣人所稱「河南勇」來台擔任中法戰爭防禦任務時，帶來的神祇，廟宇則是板橋林本源家林維源所捐建。今已無存。

「瞿公真人廟」的東邊天水路四十五號，即「台灣民眾黨本部」舊址，台灣民眾黨領導抗日民族運

1
2

由蔣渭水創立的台灣民眾黨。

動近四年之久，於一九三一年二月十八日遭到結社禁止命令，該黨領導人蔣渭水當時曾說：「有此民心，不怕無黨。」

天水路因曾有台灣民眾黨本部，因此戰後曾被名以「渭水街」；那是一九四六年（民國三十五年）元月二十四日，台北市政府所公告，兼市長黃朝琴明令：「東自日新町圓環，西至太平町二丁目派出所為渭水街」。至於後來為什麼更改了地名的正式公告，那就不得而知了。

五條通的長安西路東側起算第九家，是「狗標服裝行」，「九」與「狗」，在台語諧音，因此「第九間，狗標的服裝」成了最佳廣告詞，「狗標」老闆在台灣青、少棒「棒打天下」，屢得世界冠軍的年頭，免費提供中華青、少棒代表隊的團服，也成了另一方式的廣告。而今，此地與鄰近街屋都改建高樓，「第九間」的服裝行也就消失了。

西南有一家打造銀器的榮安銀樓，有近五十年歷史，以精品見長，台北市致贈外賓的市鑰、三軍的功勳獎章和總統權杖，都是他們師傅的精心作品。

過了「五條通」，亦即在「消防組」（消防隊）的延平一派出所幾步之程，有一條乙字型小巷——甘谷街。

甘谷街九號的原址，是台灣第一家廣告公司——東方廣告社創立的地方，在台灣國民所得只有一百美元左右的時代，溫春雄於一九五九年元月六日成立這家廣告代理業，足見其眼光和魄力。

甘谷街昔稱「稻新街」，乃日治時代米穀行商聚集的所在，被稱之為「米市街」。當年「博米紱」（期貨米的買賣），每天掛牌，往往牽動了台灣的糧食行情；後來日本殖民政府實行米穀法，由當局管制米糧價格，稻新街的大米行沒有能力再「操縱」行情，稻新街始逐漸沒落。戰後主持台灣糧政，對糧食數字倒背如流的李連春，年輕的時候在稻新街做過米行店員。

台北市茶業公會尚設於此巷。此公會源於劉銘傳巡撫於一八八九年命茶商組織「茶郊永和興」，以團結茶商的競爭力，對日後台灣茶葉的勃興發達貢獻甚多，堪稱台灣歷史最悠久的同業公會；公會供奉「茶郊媽祖」是茶商膜拜的「守護神」。

甘谷街彎曲處，有一座土地公廟，稱為「景福祠」，因此這裏被稱為「土地廟仔街」，廟旁有一家接骨的「拳頭師」，名叫「鐵碗帽仔」，名聲不錯。

景福祠雖不宏偉，但與大部分屬於小廟的「土地公廟」相較，已不能稱「小」。大正初年，也就是民國初年，有一位出生於印尼的苗栗人，即「台僑」羅福星，在此召募黨員搞革命，企圖推翻日本殖民政權；他自稱有中華民國政府的鼎力相助，不幸事機洩露，組織被日本人識破被捕，於大正三年三月三日被處絞刑，他在獄中曾高詠：「殺頭相似風吹帽，敢在世中逞英雄。」等慷慨悲歌的詩句。

法主公廟，事件原點

延平北路的精華區，是從「二段」開始，二段由南京西路起程；這條東西縱向路的西端是淡水河「第九號水門」，河堤之外是「延平河濱公園」，公園不是公家所闢，而是民間利用義務勞動所營造出的休憩用地；四〇年代，此處正是「淡水河露天歌廳」的所在地，有近十處的「茶座」，只要一杯茗茶的消費，就可躺在竹椅上，於星空之下，聽一個夜晚的台語歌曲，〈安平追想曲〉、〈賣菜姑娘〉、〈青春悲喜曲〉正是那個年代所創作的流行歌曲。

南京西路和迪化街交接之處東側，昔稱「鴨仔寮」，是永樂市場的家禽批發處，清朝時是「乞丐收容所」，緣於一八五三年（咸豐三年）同安人逃難到此後，有些「淪落人」成了遊民，而有乞丐寮之設，收容這些「羅漢腳」（流浪漢），不過在著名的大善人施乾於一九二二年（民國十一年）創設「愛愛寮」於艋舺後，乞丐有了妥善照顧，「鴨仔寮」就不再是「乞食」棲食之所了。

延平北路和南京西路十字路口的西南端曾是一間因拓寬路面而被削除三分之一的「法主公廟」。而今已被改建成一座高檔的廟宇。「法主公廟」祭祀的是泉州人的守護神張法主聖君，神像是茶商陳書楚於一八七五年從泉州府安溪縣碧靈宮分靈渡海來台。後來由大稻埕茶商集資建廟供奉，一九二三年再予整建。

延平北路舊街景。

法主公廟以「大龜會」著稱全台，每年農曆九月二十三日，法主公聖誕日，吸引各地的善男信女來廟「乞龜、還龜」，十分熱鬧。

所謂「龜」者，「紅龜粿」也，是以糯米或麵粉製成，在「粿模」加印，乃一種祭拜神祇的食品。信徒向法主公許願，乞龜回去保平安、償夙願；翌年還「願」時，需「連本帶利」。即「一隻還兩隻」。祈願者在求「龜」時，要登錄名冊，如滿三年尚未前來「還願」，廟方執事便將違約者大名書於紅紙，張貼示眾，上榜名單，俗稱：「龜上壁」。

法主公廟的「大龜會」，特製的米粿龜，上有繡絹糊紮的裝飾，以蟠桃大會、八仙過海、三星祝壽、大鬧龍宮等作為題目，爭奇鬥豔，十分美觀，此精緻民藝，可惜已不復見。

法主公廟對面，太平町三之一號，日治末期和戰後初年，有一家咖啡餐廳，名為：「天馬茶房」，是大稻埕知名交誼餐飲店，由當代名「辯士」詹天馬所經營，「辯士」者，默片時代的電影解說員。當年，詹天馬是為社會名流，台語第一首流行歌曲——〈桃花泣血記〉之歌詞，即是他的手筆；詹天馬本人也是台灣新劇的推動者和電影片商。

「天馬茶房」的廣告詞曾刊載是「大稻埕方面的公會堂（中山堂），敬請各界利用茶會、座談會、記者招待會、音樂會、同樂會、小展覽會、雞尾酒會、結婚典禮……」其實這家餐廳坪數不大，但充分利用空間：一樓是咖啡茶點；二樓是西餐大廳；三樓是特別沙龍。

史稱「二二八事件」，即在一九四七年（民國三十六年）二月二十七日傍晚發生在「天馬茶房」門前，一場緝查私煙的嚴重糾紛事件，成了肇事的近因，星星之火，因而燎原。翌日（二十八日），台灣人民發動了反暴政的抗爭，引起官民衝突，終在當局報復下，不少台灣菁英和無辜百姓因而莫名地被逮捕和屠殺，造成台灣各地淚血成河；「二二八」曾成了歷史的禁忌，「大稻埕是二二八事變的原爆點」也就少人知曉，近年來，這個台灣史上不幸事件才被討論，進而獲得了「平反」！事件五十週年，在發生地點處豎立說明碑，以紀念此不幸的歷史悲劇事件！

名人遺跡，風雲風月

延平北路二段「頭」的東北，二段九號在戰後曾是台灣第一位女外科醫師——謝娥開設的康樂病院，二二八事件時，謝娥因未察事實，在廣播中說：「長官公署前沒有發生開槍事件」，竟招致民怨，醫院設備及家中陳設，俱被搗毀焚燒，後來她雖以高票當選立法委員，但此事陰影常牽於心，最後放棄名位，自我放逐美國。一九五三年獲哥倫比亞大學醫學博士，擔任過紐約州衛生局局長。

已歇業的「大千百貨公司」過去沒幾家是「義美食品」本店，這家聞名全台的糕餅店，其產品普

台灣民主的啟蒙地，蔣渭水所經營的大安醫院。

受歡迎；如同台北人到台中買當地名產太陽餅一樣，南部人來台北，常帶義美產品回去和家人或親朋分享此「台北名產」。近年來，義美推廣環保包裝和獎助本土文化，有目共睹。

歷史如果往前溯，日治時代地址編號為「太平町三丁目二十八番地」的義美本店的招牌，可是「大安醫院」；「大安醫院」是抗日先烈蔣渭水懸壺行醫的診所，因此出入此間的人士，不乏是非武裝抗日的民族鬥士，有些鬥士還將大安醫院變成旅館和餐廳，蔣渭水「廣結天下英雄豪傑」的個性，可以見之。

大安醫院占有三軒店面，二層建築，蔣渭水向「發記茶行」租用，標榜的診治科目是內科、小兒科、花柳病科，並設有十間住院病房。

蔣渭水，史稱「台灣孫中山」；他創組「台灣文化協會」，領導「台灣民眾黨」，以口舌、以紙筆、以行動為台灣人爭權利。「大安醫院」的北邊，是「台灣民報」台北發行所，這分報紙是「台灣人的言論機關」、「台灣唯一的喉舌」，蔣渭水不僅是「主事」之一，也是「主筆」之一，不少的「社說」（社論），是由他執筆，對啟迪民智，貢獻匪淺。一九二六年，蔣渭水將該處開設的「文化書局」，銷售書籍以思想叢書為主，《孫文學說》自然也是陳列書籍。

二段「頭」的西處，日治初年有家最負盛名的風月旗亭——「東薈芳」，是聞人名士最喜歡流連的餐館之一；一九一一年（民國前一年），因戊戌政變而被慈禧太后通緝亡命日本的「飲冰室主人」梁啟超，接受林獻堂邀請，來台作客，「台灣遺老」於基隆接船後，即在東薈芳設宴洗塵；梁任公感謝台灣父老的雅意，當場寫有「三月三日，遺老百餘輩設宴歡迎會於台北故城東薈芳樓，敬賦長句奉謝」之詩詠，「破碎山河誰料得？」梁啟超此詩言及：「留取他年搜野史，高樓風雨紀殘春。」更是令人深思之句。

南京西路朝東不遠，可達名聞遐邇的「台灣小吃世界」——圓環，半路上即法主公廟斜對面往東幾個店面，昔有「蓬萊閣」，乃淡水「石油大王」黃東茂獨資創建，是日治時代台灣最豪華的餐館，領導抗日運動的林獻堂於一九二八年，環遊世界歸來，民眾即在蓬萊閣舉行盛大聚會，為他洗塵；還有台灣工友總聯盟的集會、星光戲劇研究會的成立，都是擇於蓬萊閣。

「蓬萊閣」的經營權，後來頂讓給茶葉鉅子陳天來；戰後，陳家售給徐外科，由餐廳變成醫院，不過還是被拆除重建了，真是「眼看他起高樓，眼看他樓塌了」！

延平北路二段，有不少風月場所，「上林花」、「黑美人」、「五月花」、「東雲閣」等酒家，還有殘存營業者，紙醉金迷的生活，也算是另一群社會有錢有地位的「邊緣人」喜歡流連的場所，他們拋金似紙，酒醒時分，不會反省昨夕何夕？

圓環小吃，名聞遐邇

當年的工友總聯盟成立大會，也選擇於蓬萊閣辦理。

圓環，是台北市聞名庶民生活的飲食中心，圓環面積廣達一千九百六十三平方公尺，被南京西路、重慶北路、天水路、寧夏路團團圍住。

「圓環夜市」不僅是大稻埕人的消費所在，也是台北人，甚至來台北的旅客，都想「體驗」其盛名的地方。從前的「夜市」，可不是孤零零的「圓環」，還包括寧夏路和重慶北路的露店；這裏的鄉土小吃，煎、炒、煮、滷、蒸、炸的無不俱全，如蚵仔煎、蚵仔麵線、鼎邊趖、肉羹、人參雞、當歸鴨、肉丸……還有清粥小菜，百味雜陳，價廉可口，因此不僅喜歡低消費者喜歡來圓環「補身」，連白領階級也不辭路途遙遠，坐車（以前是三輪車）來此進補，叫碗熱的、冷的、甜的、鹹的，大快朵頤。

舊圓環的存廢，一直是歷任台北市長要傷腦筋的題目；據說，有一位留學生，返台度假一定到圓環附近徘徊流連，他多次建言：「圓環夜市，千萬不能改變，否則台北市就不像台北了。」

一九七三年（民國六十二年），台北市政府為配合美援經費運用，拆除「重慶露店」，打通重慶北路，此後圓環夜市的光亮就逐漸幽暗了下來，成了車水馬龍所圍繞的「孤島」。公元二〇〇一年終於拆除，重建一座嶄新建築玻璃帷幕的「美食中心」，不過「鄉土的滋味」在味蕾中淡去，而玻璃帷幕的「新圓環」也面臨經營上的困境。

圓環風光，陳慶良攝影。

圓環所輻射的南京西路，直透太原路北面有一所小學，即日新小學。譜〈望春風〉、〈雨夜花〉、〈滿面春風〉等名曲的鄧雨賢曾在此校任教，更巧合的是他的作詞搭檔周添旺即是此校畢業生，戰後以〈望你早歸〉、〈秋風夜雨〉揚名歌壇的楊三郎，也曾念這所學校。

書香結市，文化結社

進入延平北路二段六十一巷，有幾家經營鈕釦、針線、拉鍊、蕾絲、衣飾的專賣店結市；約二、三十步之遙，有家劇院，日治時代稱為「第三世界館」，「台灣第一位辯士」王雲峰，也就是〈桃花泣血記〉、〈補破網〉的作曲者，解說電影劇情的地方。戰後改名「大光明戲院」，在台北市「古老」電影院排行榜中，算是前幾名的，可惜今已不復存。往前幾步即是「朝陽公園」，這座社區公園將規劃為「茶葉公園」。對面有一家「王

大稻埕曾經風光一時的茶香歲月痕跡。

1 2 3

有記茶行」，是碩果僅存保有早年焙茶、烘茶、翻茶、檢茶的陳年設備，令人思古之幽情。

王有記茶行，這棟紅磚質樸的二層建築，別有風味。王家來自安溪曉陽，生根在台灣已有七十幾年歷史，如今尚留存一間十多坪的焙茶間，是目前台灣難得一見的炭燻精製茶歷史的見證。

巷口在日治時代有一家名稱「維特」的咖啡店，是台灣新文學運動狂飆時期，年輕人喝西方飲料——咖啡，縱談時代思潮的地方。店名「維特」取自德國文學大師歌德的作品——《少年維特的煩惱》，當代文學少年，他們的作品並不是「不識愁滋味」的強說愁，而是訴說「煩惱」時代的「哀愁」！

西邊的商店，戰後有一家「三民書店」，是蔣渭水的弟弟蔣渭川開設的：「二二八事件」時，他曾出力幫助當局撫平亂局，卻被列為「要犯」，其兒子被槍傷，女兒被斃命，本人則逃亡了好一段時間，後來始以「清白」之身擔任台灣省民政廳廳長。

「太平町」從前還有一家「雅堂書局」，是《台灣通史》作者

連雅堂於一九二七年秋所開設，有一位「無產青年」，也就是有「台灣新劇第一人」之稱的張維賢做他的店員，「雅堂書局」正確地址是台北市太平町三丁目三二七番地。據說，連雅堂這個書局老闆，每天看書入了迷，竟不懂如何賣書，所以生意欠佳，經營僅二年而已，於一九二九年底歇業。台灣共產黨的老黨員謝雪紅也曾在「太平町」開設「國際書局」。

民生西路與延平北路交叉一帶，以家具專售店為多，銷售大都為精品家具。這一帶在稱為「朝陽街」的年代，可是茶行林立的市街。向西接近迪化街，則是家用日用品和南北貨店的批發商。沿著民生西路東行，到了寧夏路口，南側的小學校是蓬萊國民小學，北側的中學校是私立靜修女子中學。

蓬萊國小南側有古蹟「陳德星堂」（陳氏大宗祠），係從城內文武街搬遷於此，因原址被徵用建蓋台灣總督府（今總統府），而重建在大稻埕下奎府町，祠內有台灣首見的「一柱雙龍」的龍柱；廳堂上方還有一面台灣總督所題「漢唐柱石」的匾額。

蓬萊國小的現址是一九一七年三月遷校的。這所國小是一八九八年於大稻埕公學校所設的「女子部」，當時只有二位女生。一九一〇年升格為「大稻埕公學校女子分校（分教場）」，翌年一九一一年獨立創校，始正式稱為「大稻埕女子公學校」。一九二二年改稱為「蓬萊公學校」。而今已男女合校的蓬萊在一九五六年前僅收女生，因此有「太平公，蓬萊媽」的說法。而天主教所創辦的靜修女中，也是女子學校。

靜修女中是一九一七年創校的，以「實施內地人及本島人的女子高等普通教育，培養良妻賢母之資質兼日常生活有用的智慧技能」作為教育標竿。

靜修女中係由天主教道明會創設，校名取「靜心修身」之意，意譯是「真福嚴美黛的學業」為紀念聖女嚴美黛。

靜修女中採西班牙式古堡建築，雖已改建高樓，但最上的二層仍是仿造原貌。改建高樓的校舍，仍保有一些原有的風格。一九二一年，以宣揚文化之名，行抗日運動的「台灣文化協會」在此創立，寫下了非武裝抗日運動的新頁，當年林獻堂、蔣渭水等先覺者能組織此啟迪民智、激奮民心、爭取民權的「政治結社」，實為台灣民族運動跨出了一大步！

靜修女中的北側，即寧夏路八十九號台北警察局大同分局，是創建於一九三三年的「台北北警察署」（北署），這座市定古蹟，有一座刑罰人犯的「水牢」，曾有規劃為「警察博物館」或「犯罪博物館」的構思，最後終於定案做「台灣新文化館」的計劃，以為大稻埕曾為「台灣新文化」胎動地做歷史見證。

「台灣新文化館」未來正式開館展覽，與鄰側的靜修女中和後方不遠處的「蔣渭水紀念公園」，成為重溫新文化狂飆年代的歷史軸線。公園原為「錦西公園」，二〇〇五年台北市政府做了此有意義的規劃。

台北市第一所私立高等女校，靜修女中。

飲食文化，交誼沙龍

民生西路從重慶北路口起延伸到延平北路口，早年的地名為「朝陽街」，曾是大稻埕茶行最密集的地方，一八九六年總計，朝陽街一帶達四十六家之多，民問故事「周成過台灣」據說是發生在此。

從延平北路南轉，有二家咖啡店，僅只一屋之隔而已，名稱都叫「波麗路」，一家稱為「老店」，一家稱之「新店」，其實出自同「源」；談到「波麗路」，令人不得不說及「稻江吃的文化」。

由於大稻埕早受歐風美雨的影響，在台北市算是接受「洋化」最早之地，一九三〇年代，「純喫茶」的咖啡廳如雨後春筍般出現，較著名的有維特、奧稽、巴西、波麗路等等。

波麗露（Boleron）是法國作曲家拉威爾，一首愛好古典音樂人士無不知曉的管弦樂舞曲之名，廖水來以此作為店名，顯然是位音樂造詣不錯的人士，他在一九三四年開設這家以鄉村鴨子飯和精緻西式套餐聞名的西餐廳，即以擁有台灣第一流的音樂設備作為廣告。

波麗路不僅是文學少年喜歡去的地方，當代台灣新美術運動的畫家們，無不是常客，廖水來老闆是位「石癡」，收集各種奇石雅石，也愛好繪畫；他常充當畫家的經紀人和贊助人，等於是畫壇的幕後英雄，難怪謝里法在所著《日據時代台灣美術運動史》上說：

「當大家談起巴黎畫派而聯想到蒙巴爾納斯的Dome和Retonde等咖啡廳的同時，論及我們台灣的美術運動，也就無法不提到波麗路咖啡廳和廖老闆來。」

波麗路最令人津津樂道的事，是「相親地點」；男女授受不親的年代，男女婚姻經由媒人撮合，波麗路成了定情的最佳「要站」，初次見面，安排在波麗路；大稻埕有不少夫妻由這裏相識，再一起攜手走向紅毯，據說二代都是在波麗路「撮合」的還不少呢！

文化餐廳，古井深情

山水亭是大稻埕的「文化餐廳」，老闆王井泉，人稱「古井兄」，他雖然本身並不是藝術創作者，但卻是台灣文化的「甘草人物」；日治時代，台灣新文學、西洋

山水亭由王井泉創立，支持了不少台灣文化運動。

藝術運動的狂飆時期，王井泉出錢、出力最多，他那無怨無悔的精神，稱得上是幕後英雄人物。

他將「山水亭」充當「台灣文學」雜誌的編輯部；他參與了民族戲劇「閹雞」的經費籌措；他默默贊助了貧困的藝術創作者；王井泉不是油膩膩餐廳的老闆，而是一位彬彬有禮的紳士，畫家林之助即說：「山水亭的又窄又陋的半樓裡，曾蠢動過台灣文藝復興的氣流。」

在延平北路西側靠民生西路的這家文人雅士所流連的「山水亭」，已在四〇年代歇業，當年那些在這裏霧地雲天地讀創作、說理想、談抱負的文化人士，而今都是年高碩望的國寶級人物，他們每每為王井泉晚年拮困的境遇嘆息！

「東坡刈包」、「五碗三、三碗二」（五碗三元，三碗二元）這些山水亭的招牌菜已不見於菜單，但是今天大家還津津樂道的，是菜餚中的「文化精神」！

民族戲劇閹雞，於永樂座上映之合照。本劇同時首次將民謠用於舞台音樂。

燈紅酒綠，銀樓劇場

「欲講大稻埕，著要講藝旦；欲講著藝旦，著愛講大稻埕。」大稻埕早年風月場所不少，「藝旦間」多集中於此。

一九二三年《台灣日日新報》有一段藝旦間的報導：「藝旦間進門正面，有裝飾華麗的牀臺，有的用金玉鏤刻，或用金絲銀絲編成蓆草模樣的花鳥刺繡，掛著如薄紗的垂帳，隱約可見房間的右側放置著洋式的鏡台，左側放置著衣櫥或茶具等器具，中央置圓桌和兩三張椅子，房間最大有十張榻榻米。」

延平北路和歸綏街口，朝東近重慶北路，有條巷道是特種營業「綠燈戶」之處，這些青樓怨婦集聚「賣春」，與昔有一家旗亭「江山樓」大有關係。〈台北市史——昭和六年〉（一九三一年）有記：「娼館以太平町四丁目之江山樓為中心，讓其集中於附近在營業」。此種「特別行業」在市政府厲行的「掃黃政策」下，頒行禁娼令，終於全數歇業，和萬華「寶斗里」一起走進歷史灰燼。

「江山樓」日治時代的地址為日新町二丁目一八六番

歌舞昇平的江山樓廣告線稿。

號，開業於一九一七年（大正六年）；戰後歇業，前後經營有三十二年，係吳江山所投資，曾以「台灣第一之支那料理」做廣告。江山樓歌舞昇華、紙醉金迷的歲月，多少藝旦在此浪費了她們的青春年華，多少文人雅士在此詠嘆他們的怨氣。「城廓知非昨，江山剩此樓；紛紛詩酒客，誰識個中愁？」廖錫恩的〈題江山樓〉之詩，讓我們讀出了時代的無奈、英雄的悲壯。

「人去樓毀」的江山樓，走進了歷史，從前所懸的匾額，楹聯、題壁，當然都已佚失，但是卻可在文獻中見及，讓人重溫舊時歲月的文人幻夢！

歸綏街素有「惡名」有人將其與萬華（艋舺）寶斗里妓女地等量齊觀，因其有江山樓豔名，也因而有紅燈區集於此巷，一九六二年六月〈台北市管理娼妓辦法〉，將此劃定為「江山樓妓女區」，妓女戶有：文萌樓、一樂遊、千日紅、三春樓、董小宛等。歸綏街一三九號的文萌樓即為當年賣春巷的代表建築，此二層樓平拱三開窗的文萌樓推斷建於一九三六年，是二〇〇一年三月公娼廢除後，殘存的遺跡。二〇〇六年十一月指定為市定古蹟。

歸綏街口前行的延平北路西側，以銀樓和新娘禮服店業者為多，後者不僅租用最「新款」的新娘裝，也代售傳統婚嫁的禮俗用品，哪家辦喜事，來這裏準沒錯。而延平北路的金飾店以這裏最集中，最盛時期達七十餘家；難怪延平北路和中山北路、博愛路有「台北市三大銀樓街」之稱。

一九三五年，日本為炫耀殖民成績而舉辦的台灣博覽會。

歸綏街與保安街差沒幾步，有一座以「古建築」包鎖著的大樓，前舊後新，似不協調，但不礙眼，是為「葉厝」，日治是以銷售鳳梨罐頭起家，營運水果業的葉金塗的豪宅。

「葉厝」戰後一度淪為酒家，也曾是自立晚報報社，此屋在將被拆毀前，台北市都發局與業主溝通，在不影響建築外貌容貌下，保存原「立面」，成為搶救歷史建築的一個示範模式。

保安街正對面是自稱大稻埕新指標的「第一大樓」，前身是「台灣第一劇場」，這座設有寬闊舞台，共有三樓的電影院落成於一九三五年（民國二十四年），係配合當年日本人舉行的「始政四十週年紀念博覽會」的著名建築物，由稻江茶葉鉅子陳天來投資了總工程費十萬日圓，可容納觀眾是一千六百三十二人，戰後縮減為一六〇七席。是台灣第一大的戲院，比起西門町電影街的「大世界」一四七一席和「萬國」的一五四二席，都要來得多。其頂樓還設有第一舞廳。

「第一劇場」北側有一條巷弄，即二段二一〇巷十三號，以前巷內也有一家電影院，名「國泰戲院」，日治時代稱「太平館」，一度改成「文化劇院」，座席有一〇一五個。

稻江媽祖，稻埕國小

由保安街口啟行幾步，未到涼州街口，可見一座金碧輝煌的慈聖宮牌坊，俗稱「媽祖宮」朝向巷口，此廟為大稻埕建築最雄偉，占地最廣的廟宇，建坪二百三十坪，總面積則達一千二百四十坪，落成於一九一六年春。

大稻埕媽祖宮原建於中街、南街之界（今迪化街和民生西路交界處），本尊係於清嘉慶年間渡海來台，最初祀於艋舺八甲街，後移來稻江。一八五五年，由大稻埕開基人物林右藻發起籌建，惟動工遲至一八六四年，初蓋的小廟格局太小，二年後（一八六六年）再募款改建於長樂街（今民樂街、民生西路口）。

大稻埕媽祖宮原建的位置為早期郊商的聚集地，面對碼頭，日本人在一九一〇年實施市區改正（市街重劃）因築路需要，欲毀此廟時，大稻埕人於一九一〇年倡議集資遷建此福地，廟有大稻埕名孝廉陳霞林和大龍峒文人陳維英等所題楹聯。此廟因多次翻修，不列「台北市志文化志勝蹟篇」，惟近已有共識「保存」。「廟埕」是社區的野台戲表演中心；廟埕前的小巷，往南行進的四十九巷十六號為「至善堂」。

跨過涼州街，就是「太平國民小學」。此校前稱「大稻埕公學校」，正式創校於一八九八年，前棟校舍落成於一九一三年（民國二年）。「太平」不僅歷史悠久，校譽也不錯，「台灣第一位雕塑家」黃土水即是本校一九一一年第十回畢業生，校方還收藏他的作品。從太平校友名錄，也可以找到不少社會菁英。

「太平」正對面是永樂國民小學，這是因開闢太平町（延平北路）幹道時，「大稻埕公學校」分東、西兩畔而獨立立校的，兩校在戰後無論是升學率、校際棒球賽，都是競爭對手，互有勝負，然而畢業升學，完成學業，走進社會，都是建設大稻埕的「合作」伙伴。「永樂」有兩位「名師」，一位是譜下〈造飛機〉這首兒歌的吳開芽，另一位是畫三嬸婆、阿三哥、機器人的劉興欽。

永樂國小西側曾有座古厝，是俗稱「陳部爺」陳霞林的大厝，厝前有一對旗桿，先在戰後被毀，大厝也因被規劃為學校預定地，而拆建為教室了。

陳霞林於咸豐五年中式，是年二十二歲，後官內閣中書，候補知府。

永樂國民小學南側的涼州街，舊名「獅館巷」，當年北管布袋戲風靡一時，請戲班要到這條街來，因為布袋戲團的連絡處都設在涼州街，接受應聘演出，如王炎的「哈哈笑」、李天祿的「亦宛然」，還有許王的「小西園」，以及「真西園」、「亦真奇」、「明虛實」、「真虛實」、「鏡中花」、「宛若真」、「也是好」、「是也非」等等，因之被稱為「布袋戲街」。

大稻埕有不少「軒社」，這些北管音樂團有靈安社、共樂軒、平樂社、金海利、鳳鳴社、金萬成、清和社、同麗軒、聚樂社、新樂社、慶安社、興義團等，這些北管軒社，又稱「子弟館」。南管樂團在大稻埕就顯得少了，有聞絃社和清華閣。

涼州街與迪化街口，有一家賣滷肉飯和金針肉羹的小攤，生意不錯，這當然是「湯頭」（味道）夠「讚」（或作「嶄」）的原因，可惜近年來已經收攤了。

更生醫院，大橋引道

涼州街往東行，在重慶北路口是日治時代的「台灣總督府更生院」；所謂「更生」，是戒除鴉片患者的毒癮，讓吸毒者更生，當時主持的「醫局長」，即是台灣第一位醫學博士——杜聰明。「更生院」的前身，是「稻江歌人醫師」林清月所創辦的台灣第一家私立綜合醫院，只因他「經營理念」沒有成功，投資此龐大事業，以致舉債過多，產權終為日本人「接收」；戰後「更生院」被改為「光復大陸設計委員會」，是「一年準備、二年反攻、三年掃蕩、五年成功」的「反共復國」口號高漲時所

台灣第一位醫學博士杜聰明與更生院護士於一九三二年的畢業照。（第一排右六者為杜聰明）

設的機構，一直到「終身職」的老國民大會代表在民意下被迫退，才裁廢。這座極有歷史意義的紅樓建築物，卻因產權所有者第一銀行在市政府有意列管為「市定古蹟」之前，匆匆將之夷成了平地，甚為可惜。

「更生院」的西側偏南即為慈聖宮的後殿，小巷弄有李春生後人所住的洋式豪宅和他所捐獻的大稻埕教會「禮拜堂」，洋樓和教堂毗鄰，是很有「歐味」的街巷。

「稻江首富」李春生後代所營建的一九三〇年代三層「大正洋樓」，是李氏家族在大稻埕多棟的洋樓唯一殘存者。而李春生所捐獻磚造的「大稻埕禮拜堂」，更是一九一五年的老建築。

大稻埕教會禮拜堂是一九一五年八月十五日舉行獻堂典禮；其前身為一八七五年所建「大龍峒禮拜堂」，係陳願捐地，託馬偕牧師創建的教堂，中法戰爭時，因被誣指基督教徒「通番造反」，而被民眾拆毀，後獲劉銘傳賠償重建，乃從大龍峒遷至枋隙（即牛磨車街），馬偕曾說，這座教堂「最為美麗、堂皇」。信徒後來愈來愈多，而有擴建之意，遂由李春生獨資奉獻。

回到延平北路，走過太平、永樂兩座小學校，台北大橋高懸頭頂之上，這座橋樑是台北市到三重埔（今三重市）的孔道，也是以前連接縱貫公路的要道，北上人車即由此進入市區，最初大橋的引道在延平北路，而後鐵橋被改建成水泥橋，引道往前延伸到重慶北路，如今再進行擴建之後，將再往前到大龍街上下橋了。

一九二五年六月通車，橋身為鐵丸七跨的台北大橋，長四三四點五公尺，寬八點五五公尺，橋欄飾台北市徽；不僅姿態雄偉壯麗，橋上可眺望大屯、七星、觀音諸峰，風景怡人。鐵橋於一九六六年七月拆除，有「全台渡橋之冠」之稱的「台北大橋」，終成歷史記憶。

雖然今天的延平北路長達九段，直到社子島，但是日治時期的「太平通」到此告一段落，「橋孔」的十四號水門，小地名叫「大橋頭」，是「大稻埕」與「大龍峒」的界區。

「大橋頭」在六〇年代有「蘭花市集」，為各地名蘭交易中心，曾有日本人遠從東瀛搭機來此「採蘭」呢！橋墩附近也曾是著名的「人力市場」，找臨時工可來此「拉夫」，只要談妥了日薪、時酬，就可帶走去工作。

「台灣人的街道」——太平町，走過這條街的步履，不少是「歷史的痕跡」，然而如果沒有人去數這一步走過來的往事，誰會再重溫其已消逝的盛況？

南街中街，台北殘夢

迪化街和貴德街一樣，本來是淡水河的「港墘和溪埔」，經開墾為農地，再拓展成商圈，而在台北市開發史寫下了耀眼的一章。

而今，走進了這一條古老街道，宛若漫步在歷史的長廊，腳踏著台北的「殘夢」！

作家東方白說：「在這街上行一遭，就彷彿把〈清院本清明上河圖〉的連卷長畫看一遍！」

大稻埕的迪化街（今日此街已延伸至大龍峒），清代時，從城隍廟到媽祖宮口，稱為「南街」，過媽祖宮（民生西路底北側）到今歸綏街，稱為「中街」，鄰近街肆又有中北街、普願街、杜厝街、珪瑜粹街、益保裕街、大橋頭街等。日治時代，稱之「永樂町」，和「太平町」（延平北路）是大稻埕南北向的兩條主要幹道。（從前重慶北路、環河北路尚末開闢。）

道路寬度僅七、八米的「迪化街特定專用區」，是歷史風貌的街景，但可惜有處處「眼看他樓塌了」的令人惋惜之嘆！

探訪迪化街，從南京西路口開步，走了二、三十步，即昔延平區（已併入大同區）行政中心和永樂

(58) 太平町通り (臺北)

日治時代台灣人群聚，最為繁榮的太平町街景。

1 2	

THE OFFICIAL RESIDENCE OF THE GOVERMENT OF FORMOSA.

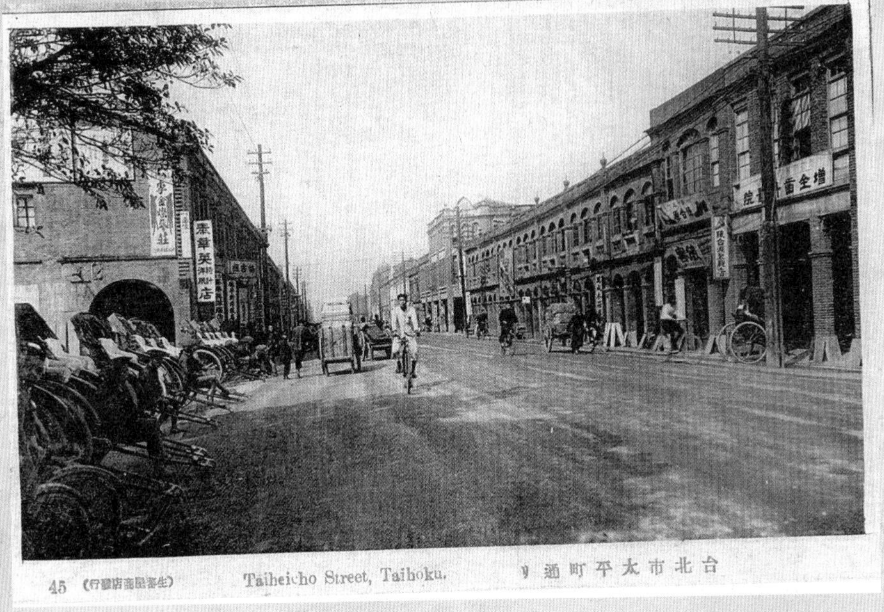

日治時代台灣人群聚，最為繁榮的太平町街景。

1
2

市場大樓，這座現代帷幕式建築的基地是舊永樂市場，市場原名「大稻埕市場」，係一八九六年，也就是日本領台的次年十月三日開幕。市場四圍曾有近百家的布匹批發店，結成「布市」市場。小吃以南側的旗魚米粉和入口處的兩家「廣東麵」攤最著名，前者是早點，從清晨四點半開始營業到近午；而後者午後設攤至深夜，北側一家黃昏後才營業的煮什錦麵，也很可口。如今，只剩旗魚米粉還在做生意而已。

觀賞迪化街的古風，應由西側第一座屈臣氏大藥房開始；近日的屈臣氏連鎖商店是港商，與其並無關連；它是日治時期的進口藥品大批發商，目前改販售度量衡用具。建築外觀造型雖不華麗，但是細望三樓壁面鑲嵌飛龍與麒麟共同捍衛七層寶塔，此類似紋章的裝飾物，樸實可愛。接著幾家雕佛店和刺繡花，令人感覺古意盎然！

而知名的女中醫莊淑旂家族的廣和藥行，則位於迪化街一段二〇七號。

迪化街的「布市」，在附近結市，再輻輳鄰近，周圍一公里，有六百家以上經營布料「武市」（批發）的店鋪，「服裝流行，由這裏開始。」講究布料花樣的年代，那款花紋布料被搶購，就是「中選」流行！

市場南側，面臨永昌街，昔有永樂旅社，當年算是「一級旅館」，據說林獻堂等民族運動人士北上

蔣渭水逝世時，民眾舉辦之大眾葬。

時，都被安排投宿此間，因木構的舊永樂市場拆除重建，今也不存。

市場北面，即今四十六巷內，有家落成於一九二四年的劇院，稱為「永樂座」，（迪化街一段四十六巷二十九號）是大稻埕著名的電影院和戲院，係陳天來等人所投資，開幕於一九二三年五月六日，惜已拆毀。

一九三一年，有「台灣孫中山」之稱，領導台灣人非武裝抗日的蔣渭水，不幸英年賚志逝世，台灣人為追念他舉行的「台灣大眾葬葬儀」，即在永樂座舉行，台灣各地有五千人參加這場告別式。

一九四三年，厚生演劇研究會的一齣民族戲劇《閹雞》，也是在永樂座公演，造成轟動；音樂家呂泉生採譜編曲的台灣民謠〈丟丟銅仔〉、〈六月田水〉第一次被當作舞台音樂，就是在這齣戲中。

永樂座在戰後改名「永樂戲院」，座位有一二八六席。

一九四八年冬，大陸顧正秋的京戲（平劇）班應邀來台公演，「顧劇班」即在「永樂座」演出一千多場，長達五年。

霞海城隍，威望全台

大稻埕霞海城隍廟，座落在迪化街一段六十一號，係同安縣下店鄉海邊厝庄民的守護神，道光年間，渡海來台供奉於艋舺八甲庄，咸豐三年頂下郊拚時，被信徒遷徙到大稻埕，在護衛金身時，計有三十八人犧牲生命；初奉祀杜厝街之金同利鋪，後在貧者提供勞務、富者寄付淨財之下，於一八五六年動工，至一八五九年（咸豐九年）三月一日，城隍廟終告落成。和慈聖宮、法主宮並稱「稻江三大廟宇」。

霞海城隍廟祀霞海城隍爺、城隍夫人和其侍從文、武判官；謝、范二將（俗稱七爺、八爺）；牛、馬將軍（俗稱牛頭、馬面），當年殉難護神的三十八位則配祀西廡。

霞海城隍廟位於今迪化街一段，南側是永昌街。建地僅約四十坪，但是「廟不在小，有靈則名」，信徒遍布全台；日治時代，霞海城隍廟的祭典和北港朝天宮的祭典，被稱為台灣南北兩大迎神賽會；火車還得在「五月十三」開加班車呢！

名列第三級古蹟的霞海城隍，一九七一年供奉一尊月老神像，近年來，前來膜拜月下老人的青年男女愈來愈多，「千里姻緣一線牽」，據說祈願求緣，後來美夢成真的伴侶牽手而行逐年增加，新人大都不忘敬送結婚禮餅答謝。

「五月十三，人看人。」這句台灣俚諺，可以印證農曆五月十三日稻江霞海城隍廟大拜拜的盛況。詩人謝尊五所詠：「稻江香火盛年年，霞海城隍賽會天；共說東瀛推第一，殺牲陳酒費金錢。」即是描述這個大稻埕的民俗節日。

城隍廟北側的第一銀行大稻埕分行，日治時代是「新高銀行」，總經理是李春生的長子李景盛，他再傳其次子李延禧，這一家台灣人所投資的銀行後來被兼併了；銀行名為「新高」，想必是「台灣第一高峰」玉山所「生」的名稱，日本人領有台灣時，將玉山更名為「新高山」，因為玉山高度是日本山岳所望塵莫及的。

一九〇四年大稻埕市街圖，中間可見建昌千秋六館、城隍廟與大稻埕車站。

大正建業，台灣風格

城隍廟以北至民生西路，有清時代稱為「南街」；大正、昭和時期盛行的巴洛克建築作品，從這裏開始多起來了。

「南街」有乾元行，是一座一九二〇年代末期的「前現代主義」式建築，牛眼窗飾以人參圖案花紋，即標示是一家漢藥店；其他店鋪有紅磚砌造、有外粉白灰，紅白相映，充滿古趣，其中一家農產種子行，原為林家宅第，因其子弟「涉嫌」參與領導二二八事件，被當局通緝，與謝雪紅等人逃亡，財產因之被充公拍賣。

迪化街貫穿民生西路的河岸邊，是「舊媽祖宮口」，從前是稻江慈聖宮的「所在」，一九一〇年，因進行市區改正，南街、中街取直打通拓寬，慈聖宮被拆除，重建於太平町。河堤曾設第十一號水門，今日水門因大部分封閉，編號不再使用，開航淡水渡輪的大稻埕碼頭設置在此，當時媒體報導說此處是九號水門，是訛誤的說法。

「中街」由民生西路到歸綏街處一小段，是大稻埕最早街肆；「頭坎店」（第一家店鋪）林益順，和「大稻埕開基人物」林右藻和其兄弟所經營的復振、復源、復興三間店鋪都在此處。

大稻埕鐵路，謝明錩水彩畫，1998年。（謝明錩提供）

「中街」的建築在迪化街上最為壯麗，富麗堂皇的巴洛克式風格裝飾效果，令人目不暇給，山頭上、門窗邊所裝飾的動物、植物、飛禽、異卉、珍果圖案花紋，呈現了大稻埕人的審美觀和炫耀經濟的富足。

逢年過節，迪化街成了「趕集」人潮匯集的地方，尤其是每年「年貨大街」更是「熱鬧滾滾」。南北貨、藥材，充裕不斷的貨源，擺設在騎樓，供人選購，「童叟無欺」的經營理念，是人們不惜遠道來此採購的原因。

迪化街，一個小時可以來回走很多趟，但是如果去仔細欣賞每一棟建築的細部裝飾，一個小時則看不了幾家。

跨過歸綏街口，就進入了迪化街在大稻埕的「尾段」，從這裏往北到「橋孔」（台北大橋引道的橋墩），依次是清代的「中北街」、「普願街」和「杜厝街」。所謂「北段」的建築，大都比較平實，以清代閩南式店鋪最具特色；木板門的「店窗」，在看慣鋁窗、鐵門的現代建材，顯得古色古香，這些店屋縱深很長，有三進房間，兩個「深井」（天井），而且每進房間都有「半樓仔」，供倉庫使用。

漫步在迪化街「尾段」，竹器店、山產店（賣粽葉、砧板、斗笠）、碾米店、香油行、燈籠店、農具店，還有廟會和喪葬的出租「鼓亭」，這些「老舊」的行業，還得以「殘存」在一起，說明了迪化街守得住寂寞，而且有著對歲月抗爭的無比耐力！

迪化街所代表的不僅是台北市一頁光燦的「建築史」，這條街的人文或人物，都是歷史長廊的支柱。

一九九七年開啟，農曆年底的「年貨大街」活動「熱鬧滾滾」，迪化街都是沸騰的人潮，人擠人的盛況，更超越了「五月十三日」。「年貨大街」所帶來的人潮，如果僅是一種促銷手法吸引消費，那就令人扼嘆了！因為那畢竟是歷史失憶的現象，老街舊情才是窩心所在！

迪化街應否還繼續保留七點八公尺的原型街區，還是為所謂「未來的繁榮」，拓闢成二十公尺寬的馬路？論者雖然「見仁見智」，各有其說，但是維護歷史之爭，才是重要課題，「起厝（建造房屋）動千工、拆厝一陣風。」百年老屋，要讓它消失於街面上，等於摧枯拉朽，但是要留存作為歷史活教材，必然要有共識，因為歷經風霜的老屋，也是禁不起歲月的拆毀。

茶行成街，千秋之行

大稻埕與淡水河「平行」的南北向街道，從西往東數，依序是環河北路、貴德街、西寧北路、迪化街、延平北路、重慶北路、承德路；日治時期，貴德街稱為「港町」，迪化街稱為「永樂町」，延平北路叫做「太平町」，此與淡水河平行而築的「三町」是大稻埕的主要「幹道」。

1
2

迪化街於日治時代稱為永樂町。

日治時代的新舞台，後被徵收做霍亂檢疫所。

「要尋找台北市的歷史，貴德街不得不去走一趟！」這句話絕不是誇口之詞，而是這一條僅可容一輛大卡車通行的窄街，步步歷史，頁頁傳奇！

清末劉銘傳規劃的外國人居住區千秋街與建昌街合稱貴德街，街寬僅四公尺，清政府時向南的前段稱為千秋街、向北的後段是建昌街。日治後，以濱臨淡水河，而且昔有大稻埕港埠，乃更名叫「港町」。一八九五年六月二十日在千秋街創設的「大日本台灣病院」，是今日台大醫院的前身。

「港町」在大稻埕防洪堤防還有「閘門」時，是從第八號水門起算，到第十一號水門為止。

第八號水門，也就是長安西路的起點，

1. 大稻埕市街。
2.「台北醫院」，日治時代為「赤（紅）十字社病院」。

南邊目前有忠孝國中，學校北側，台北市文獻會立有碑石，記載大稻埕沿革略史；昔稱此處的附近為「河溝頭」，忠孝國中對面的中興醫院，原為「台大第二附屬醫院」，後稱「台北醫院」，現更名為「中興醫院」，日治時代為「赤（紅）十字社病院」，劉銘傳撫台時，「大稻埕火車票房」蓋在這裏，學校的南邊，昔為大稻埕稅關，是一座木造二層樓英式建築，今已不見痕跡。

「貴德街」訪古，從忠孝國中北側啟行，當年英商德記洋行在此設「行舍」，建築雖是西班牙風味，但大門是兩扇繪有門神的台灣木頭門，六〇年代，德記就放棄了在大稻埕立足有年的「行舍」，另行他遷了。

很少人知道，德記洋行可是「台灣製片廠」的前身，也就是「台灣電影文化」的起源地呢！因為日治末期，曾掛起了「台灣映畫協會」和「台灣報導寫真協會」兩個機構的招牌。一九四三年，日本殖民政府為統治、經營台灣電影事業，和統一發布戰爭時局照片，下令徵收這棟洋行辦事處，作為專門拍攝新聞宣導影片和沖印相關宣導相片的地方，這段期間，德記洋行有沖片室、錄音室等相關設備。

貴德街的「老屋」，有一大特色，即是為了颱風季節防止洪水侵犯，建築物的台基都高出路面尺餘，因之亭仔腳（騎樓）都約及腰高，入門都有四、五層的台階，這是台北市其他地方少有的現象。

貴德街曾是一條著名的「茶街」，其茶香歲月的年代，有好幾十家茶行設於此街，茶箱、茶簍塞滿亭仔腳每一角落，整條街都有撲鼻的茶香。港町一丁目十五番地（號），是文山茶行，店東王添燈是戰後的台灣省參議員，他在議會不假詞色抨擊當權者的貪污腐敗，二二八事變時，且擔任「二二八事變處理委員會」發言人，攖了行政長官陳儀的逆鱗，因之被捕失蹤，據說是活活被燒死。

南京西路底，是第九水門，與貴德街交接之地，小地名叫「六館仔」，東西向即昔「六館街」。源於板橋林本源家族，在此興建六間洋樓給林家各房而得名。

以量販店起家的高峰百貨西邊，是一家茶行倉庫，二樓曾為旅法畫家張義雄租用做畫室，「台灣第一位職業模特兒」林絲緞的模特兒生涯，即在這裏開始。

東北角是「大有茶行」，為前台北市議會議長張祥傳的宅第，他是賣茶發跡，再投入政壇。

再前行數家是建南茗茶，店東翁建財；小包裝茶袋是他首由西德引進最新型包裝機器，而打開台灣茶市的；近年來，台灣飲用茶袋的風氣，可以說是他透過大量廣告所引燃的；一九六八年，他將茶行蓋了當年少有的六層大樓，店面朝向「港仔溝」，加蓋擴寬的西寧北路，致使貴德街成了「後門」，再變成了「後巷」。建南茶行因擴充太快，在融資發生困難下，難逃被淘汰之命運。

再走前十幾步，到了「怡和大廈」，大廈舊址是大名鼎鼎的跨國公司怡和洋行，出入的英國商人，大稻埕小孩都叫這些高頭大馬的洋人為「番仔」。怡和洋行的他遷，使這一條「洋人街」的歐風色彩

台北醫院屋上ヨリ學校及ビ日本赤十字社支部醫院ヲ望ム

Vivat, floreat, crescat
alma mater!

台北醫專附近的建築群，有赤十字病院及各科系的教室。

褪去。

怡和大廈北鄰的「貴德布業大樓」，各家店鋪以經營布匹批發為主，是中部商人在四〇年代之後，陸續在此「結市」，成了民生要件「衣」的「武市」（大賣，即批發之意）。

貴德布業大樓，戰前為三井株式會社的精緻茶廠，戰後成為「台灣農林公司」，日治時代掀起「台灣新舊文學論戰」急先鋒——張我軍，晚年即在這家公營事業機構上班。

農林公司的正對面，是「南興茶行」，主人姓劉，後來投資採礦失利而變賣，茶行及鄰近是日治時代「台灣文化協會」港町文化講座之地。抗日民族志士蔣渭水、王敏川等人，經常在這裏舉行讀書會、講演會，凝聚台灣民眾反抗日本帝國主義的民族意識，此抗日據點，而今片瓦不存，是台灣非武裝抗日的「無形史蹟」遺址。

今日因防洪需要而封閉的「第九水門」，堤防外緣樹成蔭，是謂「延平公園」，乃五〇年代民眾的義務勞動所闢的休憩綠地。

日治時代總督府醫學校，林清月即為畢業生。

建昌老街，風雨歷史

十號水門（已封閉）在貴德街與西寧北路八十六巷交叉不遠處「十字路」，是個難得的「轉角」都有「掌故」的地方；最顯眼「三角窗」是西南角那座躲在一棵榕樹後的基督教長老教會李春生紀念堂，這座教堂不算雄偉，但是造型奇特，整個外觀就是一張人的臉龐；兩個圓窗是眼睛，上頭還有眉毛的裝飾，二樓中間的長方形窗戶是鼻子，而進出做「禮拜」的大門當然就是「大嘴巴」。這所教會「唱詩班」合唱團在台灣樂壇很有名氣，演唱《彌賽亞》，曾在台灣合唱史上被提及。

東北角的布行，原為一棟二樓紅磚建築，乃稻江聞人吳文秀故居，吳氏是當代茶葉鉅子，曾代表茶業公會遠赴歐洲做市場考察，還順道參加巴黎世界博覽會，著名的艾菲爾鐵塔即是巴黎博覽會的紀念建築物；吳文秀可說是台灣第一位參觀世界博覽會的人，當代的台灣人，有「眼界」如此之廣者，恐無幾人。「民國開創史」上，吳文秀也是少數被提及的台灣人，他是興中會的台籍會員，孫中山來台吳文秀曾招待過這位後來中華民國的肇造者，捐款相助，當不在話下。

西北角的洋樓，未改建之前是「稻江歌人醫師」林清月懸壺的醫院，他是早期總督府醫學校畢業生，行醫之餘，採集歌謠，並曾擔任勝利唱片公司選詞顧問，堪稱「台灣流行歌曲導師」。

東南角三角窗的「柑仔店」（雜貨店），是「莊協發商店」，一九二九年開始經營，達六十幾年，目前雖已歇業，變身為古蹟活化的成功個案，進行歷史巡禮的講座；此棟一進的兩層樓店鋪，立面構造以清水磚為主，令人激賞的是排水管以代表「節節高升」、「清風亮節」的竹節式形狀攀附在屋柱外，因此，雖無華麗裝飾圖案，卻有令人亮眼之感。台北市政府文化局在屋主家族建議以「街史」、「街景」的角度，保留不被改建，終得古蹟專家首肯，以「千秋街店屋」納入台北市定古蹟。

吳文秀故居南北行不過十步腳程，原有「高砂紡織股份有限公司」，周姓董事長遷離此地後創設了「金石堂圖書股份有限公司」，並在公館汀州路開設第一家門市部，成了台灣「精緻書店」的先河。

店面所臨的西寧北路八十六巷巷口，小地名叫「風頭壁」，因為入夏後，徐徐涼風，可解暑意。巷

1. 由李欽賢所素描的莊協發商店色稿。
2. 莊協發商店舊照片。

1
2

由謝明錩老師用水彩畫畫出的莊協發商店。

頭還未鑲嵌磁磚的那家二樓，是李臨秋故居；他是〈望春風〉、〈四季紅〉、〈一個紅蛋〉、〈補破網〉、〈相思海〉的作詞人，說這裏是「永恆歌謠的誕生地」，應該很恰當。雋永的歌詞意境，配合「台灣風」的旋律，難怪有人以「與血脈之流，同其節拍、同其旋律」形容。

高砂紡織的鄰近，在日治時代的一九三八年，陳秋霖在此創設「東亞唱片公司」，陳秋霖即〈白牡丹〉作曲者，東亞唱片成立年代正值日治時代流行歌壇的尾聲，第二年雖改名「帝蓄唱片」，但在皇民化運動所推展的以宣揚軍國主義的「新台灣音樂運動」下打壓台語流行歌曲，不久本土創作歌曲也就銷聲匿跡了。

歷史後巷，時代見證

從第十號水門，前行不到二十來步，在七十三號可見一座豪華宅第，這座仿照廈門、鼓浪嶼一帶中西折衷式三層建築，是茶葉大亨陳天來（一八七二年～一九三九年）於一九二三年所建，大廈名曰：「錦記茶行」，內部裝潢、陳設考究，壁面也鑲著名家筆墨，據說台灣第一家民間使用抽水馬桶，即是此宅。

錦記茶行的二樓陽台，可望淡水河的帆影點點和觀音山的晚霞落日，因之達官貴人常相約在此茗茶飲酒。陳家後院的茶園，花木泉石具備，還砌上一面假山，於「港仔溝」加蓋興築西寧北路時，已遭破壞。

從錦記茶行往前走，即達民生西路底，小地名為「媽祖宮口」，是稻江媽祖從前鎮守之處的「門口埕」，保佑淡水河往來舟楫，市區改正時，此廟拆遷至「太平町」。

走完了五〇五公尺的貴德街，說來不費腳力，但是卻睜亮了歷史視野，等於展讀了早期淡水河的茶香歲月和一九二〇年代非武裝抗日民族運動史。如果還想看「次一頁」的歷史，穿越民生西路，偏東的巷子直走，經過幾間有若「鹿港小鎮」味道的矮紅磚厝後，即可看見一棟有著數個拱門陽台的洋樓，人稱「鹽館」的辜顯榮台北故居；地址為台北大稻港邊後街十四番的鹽館，全銜為「官鹽賣捌總館」。

「鹽館」雖稍遜辜顯榮的鹿港之家（今改成「鹿港博物館」），但也是宏觀建築。辜顯榮白手成家，成了日治時代台灣五大家族之一，當代仕紳，他之能名列，自然源於一八九五年的「偶然」機會。民間公認他是「引日軍入城」的人，也就是說日本入侵台灣的部隊，能夠兵不迎刃入了「承恩門」（今北門），占據台北城，與辜顯榮有關，他因係殖民政府所認定的「島治功勞者」，而獲當局賜予食鹽「販賣權賞」，派任為「官鹽賣組合長」，此後辜氏事業即飛黃騰達。他還在全台各地投資製糖事業，甜鹹共舔。

「鹽館」後來曾由辜家後人辜偉甫作為台灣第一個民間兒童合唱團——榮星兒童合唱團團址；辜顯榮的別號是耀星，「榮星」的意思是「榮耀耀星」。合唱團後又增設婦女隊與混聲隊，指揮即呂泉生教授，他創作的〈搖嬰仔歌〉、〈杯底不可飼金魚〉、〈阮若打開心內的窗〉，膾炙人口。

「鹽館」北側的空地，有清一代是飼養軍馬的地方，小地名即是「官馬場」。

環河北路（昔稱環河北街）尚未拓寬前是水岸的河邊街，但卻是堆積貨物，形成了倉儲之地，所以貴德街是大稻埕最濱臨淡水河邊的街道，稻江碼頭就在臨近，因此日治時代稱之「港町」，名符其實，而今這條歷史街道被夾於環河高架道路和西寧北路之間，幾成「後巷」，真是令人有「時不我與」之嘆！

公元二〇〇〇年二月一日，台北市大稻埕歷史特定專用區都市計劃案正式發布實施，成為台灣第一件結合容積移轉機制的歷史街區保存案，最令人關注的迪化街將維持原有的約七點八公尺寬度，這是對老街保存的開始。但是如何保護，更是一項重大課題，畢竟留住大稻埕的歷史，不僅是留住台北的歷史，更是讓台灣的歷史有了懷舊的身影！

「大稻埕」，這個已經在歷史步履中漸行漸遠的「地名」，令人覺得似已消失在記憶；今天，我們的走訪、找尋、溫故，雖有「今非昔比」的感觸，但是宛如在翻閱台北市的開發史，我們不應把它遺忘，因為「遺忘」了大稻埕，就無從了解台北市了，畢竟「台北市不是一天造成的！」

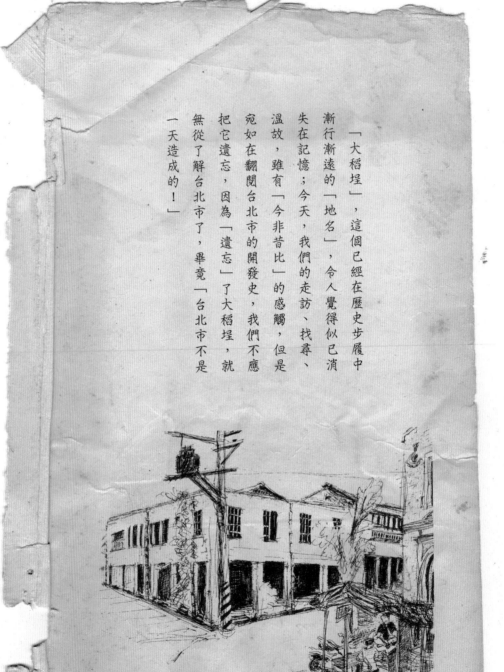

寫在進入台北城前

「來去城內！」這句話對艋舺人、大稻埕人是一種嚮往；何況是遠至中、南部的「下港人」，「城內」就是他們心中的「台北府城」，是來「頂港」想瞻仰的地方。

日治、強權時代、解嚴前的威權時期，官商雲集的城內，給人的感覺「城內人」是高人一等，其實，這是錯覺，畢竟「官久必富」的不當印象，那些攀官勢而「雞犬升天」的商賈，那已是雲飛風散的往事。

進城，已不見城牆，孤零的城門，五座殘存四座，西門早毀，而東、南、小南諸門卻被改建，北門雖得倖存，猶有古風。

城牆仍在的台北府城銅版畫。

一八九五年五月七日，日軍是從北門「不攻而破」，挺進了台北府城，台灣民主國的黃虎旗懸掛「城內」只不過十幾天。

乙未年五月十七日，日本宣示始政台灣，將台灣總督府設置在布政使司衙門（今中山堂）。

從北門走到中山堂，只需短短十幾分鐘路程，但如果是重負著歷史的腳步，這段路可是百年傷心之路，因為正是日軍鐵蹄最早殘踏台北府城之道。

這段最早被稱為「撫台街」的今延平南路，路端可見忠孝西路的台北郵局，二十六號即是撫台街洋樓。

撫台街洋樓落成於一九一〇年（明治四十三年），是獨棟的洋樓，石砌拱廊柱頂著陡斜屋頂與其上的三個老虎窗，立面有歐洲文藝復興式樣風格。

日本殖民台灣後，日商紛擁而至，渡台搶商機，著名營造商「大倉組」進駐台北，一九〇一年，該公司主任高石忠慥另組「高石組」，而在一九一〇年建此洋樓。

明治維新後的日本，以西洋為師，統治台灣，急欲將都會區的「清國遺風」建物去除，因之日本民間營建公司深知「都市重建」這塊大餅，可以分食，乃參與建築工程。

1. 於今愛國西路的三線道。
2. 台大醫學院舊景。

1
2

清末，來自大陸的技術官僚，雖有「中學為體，西學為用」的概念，吸取西方科技知識，從事近代化建設，但傳統包袱，仍然困住施政思維。

台北府城是一座用了四十幾萬塊石英砂岩所堆砌的城牆，原為保護「行政中心」能夠固若金湯，沒想到僅僅十一年，即城破國亡。一八八四年到一八九五年的台北府城故事，有足以談論，也有不堪回首的「歷史細節」。

城起城落的歷史，進城走讀的方式，不僅只有從大稻埕走入此門，各個城門，都有通路，如從艋舺（萬華）的中華路，向北而行，很快就到西門町，西門町中華路即台北府城的西城牆，其他如東城牆的中山南路，南城牆的愛國西路，以及北城牆的忠孝西路，都有逛逛「城內」之道。

「來去城內」，各有選擇，無論從哪方向進城，如不會合，不妨各找目標，選擇所希望了解的「歷史景點」，去欣賞、去了解、去深入解讀。

清代的「台北府城」，日治的「台灣島都」，漢風、和風文化或多或少都有「遺跡」，走讀從了解台北城開始。

第五章 台北城的故事

城垛築起了一方空間，圍起一個特定的空間，從大清帝國末期的巖疆鎖鑰，到日治時期炫耀的殖民處女地；台北城見證時代的轉換，城裡，不同的統治者來來去去，蓋起典雅的門樓、輝煌的建築、和風與漢風交融的並列、相互堆疊；走入城門，也走入了這座台北城新的一頁歷史。

台北東區，是新興社區，也是代表著台北蛻變後，挺進現代化、國際化的地方，我們以今探昔，「食果子，拜樹頭」，從東往西溯源，找「入口」就不困難了。

台北的進展，是「向東開發史」，日落的淡水河東岸，就可以尋覓到「台北老街」入口的地方；順其門而入，踏著漢人聚居的最早立足痕跡，懷舊的踏實之心，從此開始！

水岸周圍景致，不要忘記環視一番，大屯山系七星、大屯、觀音諸峯，山靈秀氣，盡收眼簾。

舟楫密集的渡口，雖已不在，但回想先民以舟代車的年代，淡水河兩岸的「一家親」，足以證印台北盆地是同一生命體的。

老街，是今日台北密布交通網的起源，泥路、碎石路、瀝青路，層層鋪蓋著濃郁得化不開的鄉情。

斑剝古城，歷史印證

「溫暖的陽光下，依然矗立著斑剝的古城門，她好像對我們告訴，劉公壯肅的功績猶存，台北！台北，我們的台北。」

愛國獎券上的小南門。

這首「台北市民歌」，多年前，台北市的莘莘學子都會唱，而且經常唱，那時候的台北市，戰禍遺留的瓦礫才被清除不久，一切建設正逐漸開展中，所以它唱醒了大家對台北市的關懷與期許，更凝固了愛護台北市的心。

而今，台北市古城門，已被改建得面目全非；在大家的印象中、記憶裡，歷史古蹟已經模糊、淡化，難怪「台北市民歌」會成絕響！但是斑剝的城門，永遠是歷史不能抹除的印證。

今日視之，以古城門來代表台北市的標誌，或不恰當；但是，知道台北市歷史的人，必然了解台北城對整個台北地區的發展，扮演了極重要的角色。城牆雖早已蕩然無存，但從殘存的幾座城門（可惜只有一座北門是原型），我們可以約略得知當時台北府城的範疇。

35 The three-parallel -road, Taihoku. (臺北) 三線道路
城內を圍つて居た舊城壁跡に作つた周圍道路、所々に城門を
殘して並ぶ街路と共に趣深い

日治時期建設的寬敞三線道。

台北城係於一八八二年（光緒八年），在當時艋舺（萬華）、大稻埕間的荒僻之地，開始興築，大約費時三年始竣工。目前，雖然還有僅存四座城門：北門、南門、東門、小南門，但是除了北門還維持原貌外，其他已在一九六五年被改建成北方式的宮殿式樓閣了。

舊姿獨存的北門，有著雍穆渾厚的氣質，方圓相搭的窗戶和城門，配合著燕尾屋脊的歇山式單簷屋頂，正是殘存台北城的見證。

台北築城之議，源於沈葆楨於光緒元年六月十八日上諭的「台北擬建一府三縣摺」；沈葆楨是在台灣推行自強新政的第一人，他兩度來台，第一次是日人犯台的「牡丹社事件」；第二次是獅頭社番民之亂。他於琅璚平靖後，築城設官，定名為恆春縣。一八七五年，他更以台北口岸四通，荒壤日闢，外防內治，政令難周，上奏「台北擬建一府三縣摺」，第二年（一八七六年），清廷批准：「於福建台北艋舺地方，添設知府一缺，名為台北府，仍隸於台灣兵備道，附府添設知縣一缺，名為淡水縣。其於竹塹地方，原設淡水廳同知即行裁汰，改設新竹知縣一缺。並於噶瑪蘭舊治，添設宜蘭知縣一缺，即改噶瑪蘭廳通判為台北府分防通判，移紮雞籠地方。」

「唐山過台灣」，開發初期係以南部為中心，及至一八七〇年代初，北部也已相當繁榮，沈葆楨為「固北路之長久計」的籌劃，可說確立了台北的行政地位；台北奉旨允准設府後，並非一切建制即次第展開，而是頗有周折，府城應築城垣，但是築城是一件大工程，需要鉅大經費預算，這是上級機關—

福建省府所籌措不出的，因此台北城的建設，因而延誤。

沈葆楨等人保薦江蘇海州知州林達泉出任台北府第一任知縣，林達泉是廣東大埔人，他奉旨試署台北知府後於一八七八年（光緒四年）三月，抵達「台北瘴厲地」（沈葆楨語），這位新官釐訂「治台政策」，但因「後山番擾」，他「冒暑瘴治事，晝夜不少休」，竟在當年十月，卒於官署，在任僅七個月而已。因為當時的同知半年駐在竹塹（新竹衙門），半年駐艋舺公所（台北萬華），而林達泉卻在竹塹辦公，並沒有駐在台北。

當初，林達泉決定將「台北府治」建設在艋舺和大稻埕的平野上時，曾招致士紳群起反對，他不得不將駁議榜，告示於通衢上，以示決心：

「此地四山環抱，山川交匯，創建府治於此，實足收山川之靈秀，蔚為大觀。……而滬尾、雞籠二口，實為通商之海岸，與福建省相距不過三百餘里，較之安平、旗後，尤有遠近安危之異。十年後，日新月異，臬道亦將移節於此。時勢所趨，聖贊君相，亦不能遏。」

林達泉將台北府城計劃在「處女地」，我們可以想像，他的做法是：一來可以將艋舺與大稻埕兩方為著府治所在地的爭奪擺平；二來新社區的規劃建設，沒有包袱，比較可以從心所欲。

中國官吏大多抱著「三年官，二年滿」的五日京兆心態，所以很少有人想在任期內，為著將來的建設，去釐訂一套遠程的藍圖；林達泉可是一位有高瞻遠矚的官員，他在台當官僅有一百多天左右，而且到過台北可能沒幾天，但是對於城內的建設，他已描繪出了遠景。

府城興築，一波三折

一八七九年（光緒五年）三月，淡水、新竹分治，接任林達泉遺缺的陳星聚才正式開府台北；陳星聚當時曾發布了一張告示：

「……照得台北艋舺地方，奉設府治，現在城基街道均已分別勘定，街路既定，民房為先……為此示仰紳董、郊舖、農佃、軍民人等知悉：爾等須知新設府城街道，現辦招建民房，務宜即日來城遵照公議定章，就地起蓋……光緒五年三月　日給。」

這篇告示，可以說是早期台北都市計劃建設的重要文獻之一；陳星聚規定建屋的面積是；闊一丈八尺，深二十四丈，這種「丈八店面」，便是一爿店鋪的標準規格。然而，「招建民房」的成效不彰，因為當時對外交通，必須考慮海路，而艋舺、大稻埕，瀕臨淡水河，已是相當發達的商業區，一般民眾怎麼會到人煙稀少、蔓草水澤的「內地」去投資呢？所

一八九六年（清光緒廿二年）元旦義民襲擊台北城內防守景象。

以，僅有少數與官方關係密切的紳董，為了給「台北府」捧場，才去蓋店鋪。

陳星聚雖擬訂了建築台北城計劃，但是卻不能付之行動，一方面一時籌措不出建築經費，他方面城址由於是水田，土地鬆軟，地基無法穩固，所以他先進行「前工程」在預定的城牆線上植竹、培土，務使三、四年後，使基地扎實，耐得住城牆重壓，而後再建造。陳知縣為圖行政中心早日確定，於是先著手進行官署和公共建築物的工事。

一八八一年（光緒七年）貴州巡撫岑春煊被調任福建巡撫，由於他的首要任務是「渡台籌防」，因此對「新設台北府、淡水、宜蘭各縣尚無城垣」，甚是著急，乃於一八八二年（光緒八年）「督同官紳布置，修築府城」。依日人伊能嘉矩最初的調查資料，台北府城的興工日為一八八二年元月二十四日；岑春煊特從廣東，招募了百餘名工匠來台，參與築城工作。

岑春煊為了築城，「親臨履勘，劃定基址；周經一千八百餘丈」。然而動工不久，岑春煊因署理雲貴總督，台灣的行政事務，遂由台灣道劉璈所綜理；劉璈巡視築城後，以曾築恆春城的經驗，推翻了前人的規劃，表示了自己的意見，他「更改規模，全城舊定基址均棄不用，故前功頓棄」。劉璈係以「素精堪輿之學」相信風水之說，而更改了前人的計劃，以致使築城經費增加了萬餘圓。

台北府城的建築經費，並非由中央編列預算撥給，而是由三縣紳民捐助，但是由於漳泉之爭，使兩派士紳對捐款，屢有歧見，劉璈曾有記載：「林紳維源城捐一事，前稟擬捐十萬，而林紳仍推病不出……因陳紳霞林與林紳挾有世仇，……傳集漳、泉各紳富來柵，面同勸諭，令其公議。陳紳總謂林宜多捐，泉人和之；林紳以城工應照前撫憲歷辦晉賑、堤工、城工三次捐案底冊，照數公捐，……漳人亦和之。」

「眾志成城」，台北築城經過了一波三折，終在眾志「共識」下，一磚一瓦地堆砌起來了，這亦是「成城」的一項例證。

巖疆鎖鑰，台北府城

中原封建帝國最後一座城池終在「海隅一方」建造了起來。「台北城基本上係以大屯山為背，淡水河為水的風水觀設計的；因為城廓東北有高山主凶，整座城廓乃向東旋十三度，用以避凶。東、西兩牆延伸線相交於七星山，而城府的中軸，仍不偏不倚對準

1. 清末北門城外接官亭，謝明錩水彩畫，1998 年。（謝明錩提供）
2. 五岳朝天式山牆的台灣巡撫衙門大門。

玉皇大帝、北極星君（北極星）。」這是德國人辛慈（Alfred Schinz）對台北府城以中國堪輿學研究的看法。

「巖疆鎖鑰」的北門，遙望著「北方的政權」所在——北京表示「承恩」；不可否認，這是頹廢中的大清帝國，以神權、威權，想來教化的「都市計劃」！

早先的台灣城廓，建築材料多係刺竹、土墒、砧硓石，台北府城興築較遲，因此規劃上是堅固的石城，建築材料的來源，林衡道說：石材來自唭哩岸（今北投）之安山岩，磚瓦因本地品質不佳，則向對岸廈門採購：當時沒有水泥，粘石用的「紅毛土」係以糯米蒸後，和紅糖及石灰合舂而成。另一種說法是：石材採掘大直北勢湖山石塊，磚瓦係劍潭大直庄北勢湖與枋寮庄等磚窯所燒；石灰則為大稻埕河溝頭石灰窯所供應。

台北府城是在一八八二年（光緒八年）十一月間竣工；城廓周圍共長一千五百零六丈；城壁高一丈五尺，雉堞三尺，計高一丈八尺，厚一丈二尺；牆頂闢建為步道，可供二人並騎而行，四周規制：東畔（相當今之中山南路）約四百十二丈；西畔（相當今之中華路）約四百十二丈；南畔（相當今之愛國西路）約有三百四十二丈；北畔（約今之忠孝西路）三百四十丈。城外環以護城壕塹，並闢有五座門樓，另置窩鋪四座，添設炮台，各門名稱為：東門名曰「景福」；西門名曰「寶成」；南門名曰「麗正」；小南門名曰「重熙」；北門名曰「承恩」；五座城樓門外，東、北兩門，另建外廓，俗稱「甕

1. 一九〇〇年位於台北城，北門外的接官亭。
2. 南門舊景。
3. 日治時代繪製的南門

門」。北門外之廓門，有石刻樓額，曰：「巖疆鎖鑰」，西側，更建有一座接官亭。當年，遠道來訪的官吏，從河溝頭上岸後，轉上今天延平北路的石板道，下轎後在接官亭，接受台北地方官員的迎迓，然後，才過甕門入城，再移駕府署或官廳。

台北府城的建築，因經費籌措問題，一波三折，終在中法戰爭的威脅下，使築城工作，得以加速進行，終能克盡全功。但是，法軍攻台，僅在雞籠、滬尾掀起戰事，沒有深入腹地，台北城的禦敵功能，未受到考驗。不過，一八九五年，日軍憑著《馬關條約》，派出大軍接收台灣時，台北城也沒有能發揮其「銅牆鐵壁」的效用，「台灣民主國」的大總統唐景崧竟然棄職開溜，日軍從澳底登陸後，不僅有人一路引導到台北城外，也有人在城牆上，放下竹梯，供日軍攀登而上，因此沒有攻城，日本近衛師團，不費一兵一卒，就蜂擁進入台北城。

城牆砌石，不容都更

說起來，也夠諷刺，日本人進城後，在城內宣布始政，竟成了新的城主，於是義不帝倭的義軍、義民，為了驅逐日人政權，而不得不反攻台北城了。

台北大安莊人吳得福，糾合同志，首先密謀奪回台北城，因地方劣紳告密，而功虧一簣。規模最大

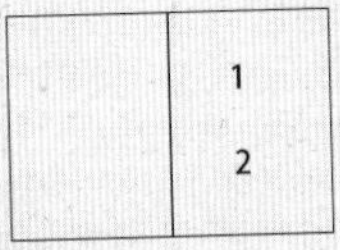

1. 最先為彩票局，後變身為第一代總督府博物館的總督府圖書館。
2. 商工銀行紀念明信片上的北門。

的一次攻擊台北城行動，則是由林李成、陳秋菊、胡嘉猷所發難，他們原排訂日本人在台的第一個「日本仔過年」（即一八九六年一月一日）採取行動，但是因舉事前曝光，不得不提前反攻。

一八九五年十二月三十一日，抗日軍將台北城團團圍住，企圖從城牆打開一處缺口，但都徒勞無功，日軍在牆頂，居高臨下，頻頻射擊，將手執陳舊步槍，或拿著五花八門古老兵器的抗日軍打退。

為了奠定台北千秋萬世的基業，一磚、一瓦、一石堆砌的台北城，竟然保護了日本人的安全，真是築城當年所未能料想得及。然而，日本人並未感念台北城的功勞，為了都市現代化，他們開始毀城廓、修道路，他們將城牆及西門門樓加以拆毀，僅只殘留東門、南門、小南門、北門等四座門樓而已。殘存的四座城門，在日治時代曾一度有再拆毀計劃，但是經過一次激烈的論爭，終因台灣總督府圖書館館長中山樵等學者的堅決主張，表示不僅不能再毀壞，而且還需指定為台灣史蹟名勝，才被保存下來。而北門甕門上那塊石額長約一公尺半，高約四十公分。右上款刻有「光緒壬午年」，左下款落「良月吉日建」，未署撰者姓名，中刻提：「巖疆鎖鑰」四個大字，也於日本人拆毀北門城牆後，將它送至日本總督府邸（今台北賓館），壓在後花園的涼亭亭腳之下；新興海洋帝國的日本佔領台灣，作為其帝國疆域的「南門鎖鑰」，當然對此「巖疆鎖鑰」不屑一顧。這塊石額雖一度被人所遺忘，所幸於一九八一年，終重新讓人發掘出來，重被安置於此門門前。

日本殖民政府，以「城內」被城牆困住，阻礙都市發展，於是在「市街改正」的都更計劃下，拆除城牆。

台北城府被毀了，但是城內、城外的區分，仍然存在，由於日本人盤據在城內，因此一道無形的鴻溝被築了起來，他們加緊城內的建設，使之成了全台首善之區，城外的艋舺、大稻埕等台灣人居住的地區，與之比較起來，則蹭蹬於後。

清代城內，漢風建物

台北城未興築前，台北的公家建築，如水師參將署、陸路中軍守備署等俱在艋舺街。台灣建省後，巡撫劉銘傳大行建設府城，他從上海、蘇州招商成立興市公司；不久，石坊街、西門街、新起街二層商鋪漸漸多起來了，這三條街就是今天的衡陽路等街道。石坊街是當時城內最繁榮的商業街，街名石坊，乃因一八八八年（光緒十四年），立有表揚洪騰雲捐建考棚的石坊而得名，石坊刻有奉硃批「急公好義」四字，這座石坊後來被移入二二八紀念公園，今天我們可以在露天音樂台側找到。

劉銘傳為帶動城內繁榮，更從上海購進了人力車一百五十輛及馬車若干，行駛於城內與艋舺、大稻埕間；此後，此三區有台北「三市街」之稱。

餘姚史久龍於一八九二年到一八九五年（光緒十八年到二十一年）間旅居台灣，他在《憶台雜記》上說：

「城中西、北二門為通衢，東、南二門距番界不遠，寥落亦甚。南北長，東西狹，周圍約八、九里。出北門即大稻埕，出西門折而南為艋舺。是二處為商賈屯聚之所。……西、北二門外途路，仿上海棋盤街式。中實石子，外夾石條，東洋車行之。毫無偏頗。道旁夾植柳樹，風日清和時，躑躅游行，頗有歐蒲風景。」

城內建設，又因公共建築物，先後興建，而幾臻大備；台北府不但成為台北的政治中心，也是台灣的政治中心；從一八九五年七月刊的日本參謀本部《台灣誌》之報導，我們可以知道城內已具「現代化」的都市規模：

「府城內有台北府、淡水廳等之衙門，又有文廟、武廟、天后宮三大廟，均甚壯麗，市街規模廣大，絕不似清國一般市街，大街寬有六間，雖狹處猶有二間，然而因屬新開地，尚未普建街衢，尚有三分之一為水田，然預料數年後，在城內將至不留有水田之痕跡。家屋概為二樟造作，絕不見清國風之污穢，有七八個電燈照耀滿城，亦有公共馬車和人力車自在通行市街，稍似上海之居留地。」

有清時期，城內的公共建築物，擇要介紹如下：

巡撫署　俗稱「巡撫衙門」，劉銘傳建：有光緒十七年辛卯仲春穀旦所置巡撫劉銘傳及光緒十八年壬辰仲春巡撫邵友濂撰聯并書：

千萬間大廈宏開，遍鹿島鯤洋，多士從茲承教育；
二百載斯文遠紹，看鸞旗鼉鼓，諸君何以答昇平。（劉銘傳）
從甲峯迤邐而來，鍾育靈奇，相期文章千古，學術千古；

清代最完善最熱鬧街肆石坊街，今衡陽路。

值丁賦清平以後，經綸富庶，毋忘生聚十年，教訓十年。（邵友濂）

台灣民主國時期，曾充當「總統府」，唐大總統逃命時，民眾、軍隊燒毀了部分建築；日軍進城後，充做砲兵隊營，遺址在今延平南路台北市警察總局一帶；當時稱撫台街。

布政使衙門　位於巡撫署南側，係一八八七年（光緒十三年）沈應奎建，是總核全台錢糧、兵馬及清賦事務的辦公署。日治初期，被移做台灣總督府廳舍，於建築公會堂（即現在中山堂）時，始在舉行「舊廳舍取拂（拆建）奉告祭」下，一部分遷建於植物園內，一部分遷建於圓山動物園內。

台北府署　位於城內北側，遺址在今重慶南路、懷寧街之間。

淡水縣署　一八九三年（光緒十九年）建，位於北門街放生池之北，與撫台衙門隔街相望。

台北府儒學　俗稱文廟，一八八〇年（光緒六年），第二任台北知府陳星聚捐貲興建，越十餘年竣工，是台北最早的孔廟，日軍入台北城後，充當兵營，毀棄孔子及諸賢牌位，後拆廟，變更為國（日）語學校學生的宿舍，遺址在今重慶南路北一女附近。

武廟　祀奉關公；與文廟間的路，昔稱文武街；其遺址有二說：一說，今司法大廈即建在武廟廢址上；另一說在今台北市立教育大學。

登瀛書院　一八八〇年（光緒六年），知府陳星聚創設，由官民募貲，初暫置府後街考棚內，迨至一八九〇年，知府雷其達稟奏劉銘傳，於西門內，再新築書院；前臨之街即為書院街（今長沙街一段）。

西學堂　原劉銘傳於一八八六年（光緒十二年）設置於大稻埕六館街，為劉銘傳儲備推動「現代化人才」而設的學堂；一八九〇年（光緒十六年）於登瀛書院西側另築新的建築。招收的學生，都以官（公）費優待，學科分外國語（以英語為主）及普通學科（地理、歷史、測繪、算術、理化及漢文）。邵友濂接長巡撫時，將之撤裁。

番學堂　「撫番」是劉銘傳治台的重要施政措施之一，他鑒於撫番莫若教育，於設西學堂外，還附設番學堂，然番學堂的規模想必遜於招收六十七名學生的西學堂，因為第一年的就學人數僅有二十名，那是大嵙崁（大溪）、屈尺、馬武督各番社酋長的子弟；第二年（一八九一年）才又增加十名，課以漢文、書算、官話和台語，以及起居禮儀。劉巡撫認為漢、番的溝通，向由台人擔任通事，當不如「以番治番」，乃決定教育番人子弟，再由他們去教化、感化番人，以達事半功倍之功；惜該學堂亦為邵友濂裁撤，學生被遣回山地。

考棚　科舉應試的大會場，由艋舺貢生洪騰雲於一八八〇年（光緒六年）所捐建，可以容納二千多人應試，可見規模不小，淡北童生可免跋涉赴台南府應考。洪騰雲捐獻田地、銀兩，而獲建坊紀念，

「急公好義」石坊有各界題名，錄其一：

慷慨荷宸褒，見義勇為，綽楔留芳千古仰；
捨施先試院，有基勿壞，士林遍譽一時新。

考棚遺址在今忠孝東路與中山南路交會處，昔台北市議會一帶；一八八六年（光緒十二年），考棚內設官醫局及養病院，是時，以引進新式醫療方式，聘西醫診療。

天后宮　敬拜媽祖的廟寺，遍及全台，台北亦在一八八八年（光緒十四年）於府後街建天后宮，地方官吏每逢朔望都必到廟行香祭拜；劉銘傳夫人壽誕，及唐景崧母親華誕，都曾假此處，舉行慶祝儀式，並召福州祥陞班官音來台，於前殿大舞台演唱，以娛官民；天后宮於日人治台後被改為辦務署，部分充當調停處。省立博物館就是建築在天后宮遺

1	3
2	4

這一座公園，曾經俗稱為新公園，日本人稱為台北公園，現在定名為二二八紀念公園。

（臺灣）臺北公園ヨリ総督府ヲ望ム（9）

No. 311（台北）新　公　園　市中央にある清らかな公園は四時島都人の散策の地として親まれて居ます

1. 一九五〇年代於當時仍稱為新公園舉辦的商展。
2. 日治時代的台北公園，今二二八紀念公園。

	1
	2

THE OFFICIAL RESIDENCE OF THE GOVERMENT OF FORMOSA.

址上。天后宮的石柱腳，散布在日本人稱之為台北公園的二二八紀念公園之樹叢、草坪中，也許你到公園散步，不經意坐下來休憩的地方，就是天后宮的遺物。

城隍廟　一八八八年（光緒十四年）所建，地址在撫台街後方，供奉有府縣二城隍，地方官吏每朔望亦必到廟參拜，祈禱國泰民安。日人治台，廟被毀去，多尊神像分為艋舺地藏王宮、松山昭明寺所迎去。今武昌街之台灣省城隍廟（即明星咖啡屋對面）乃戰後新建。

城內的建築物，除了上述諸項外，還有廣澤尊王廟（聖王公廟，位在今二二八紀念公園內）、瞿公真人廟（位於今新生報業廣場）等廟宇，陳、林兩氏的宗祠也在城內，陳氏宗祠原在現在的總統府位置上，因日本殖民政府擇其地要興建台灣總督府，邀請管理人陳雲霖商量，以大稻埕官有地與之交換，所以「陳祖厝」被遷建於大稻埕。林氏宗祠則因市區改正，被規劃為道路地，遷移到大稻埕林本源博愛醫院附近重建。

劉銘傳還在城內建造了一座大浴室，叫做沂水園，這是台灣第一座的公共浴室，以前衛浴設備，還沒有家庭化，公共浴室施設，也堪稱德政。至於水電設備，亦略有建設，電力供應的情形如下：發電設備設在撫台街，民間尚沒有供電，所以點用電燈僅限於撫台衙、布政使衙門等官方辦公室；其他幾盞都是路燈。自來水設備、下水道在當時，則是聞所未聞的事，飲水原都是舊式古井，出水量有限，一八八七年（光緒十三年），劉銘傳為供給日趨繁榮的台北城用水之需，乃聘請日本人（一說廣東日治時期立於台北公園內的放送塔（廣播亭），本圖為觀光摺頁。

人），在北門街、西門街、石坊街三處鑽井，以利居民用水，這三處新式的水井，叫做鐵枝井，不過俗稱為：「番仔古井」。

城內雖然官府林立、廟祠多處，但是平常並不是挺熱鬧的，據當年曾進「城」考試的黃純青說：「城內恆常是很閒散的，到了考秀才時最熱鬧，一下增加了二千多人。應考的童生是淡水縣一千人，新竹縣七百人，宜蘭縣五百人。城內也臨時增加了大筆的收入。」據黃純青的回憶，他應考的考試題目，除了八股四帖之外，隨意詩題是：「自來水與德律風（註：是指電話）」。

城內儼若形成一個新的社區，入夜以後，八、九點鐘，城門就要關閉，如果貪玩的話，要回到城裏就有困難了。那時候，非得以一角賄賂守城門的衛兵，請他們行個方便，放下樓梯，否則就得被困在城外了，這種行賄沿梯攀入城內的方法，叫做「吊城」。

當時居住在城內者，多屬官吏眷屬和外省商人；因依清朝律令，本地人不得做本地官，因之，走馬上任的官員，都是外放來台的，而外省商人則是來台投資的；據調查，城內做官、做生意的人，其本籍，以安徽人、福州人、江蘇人為多。而本省住民因在艋舺、大稻埕居住，還是重土安居的老社區。

台北城內的市街，在築城後才開始建設，十餘年之後，日軍就揮軍進城，因此有清時期的街衢僅有北門街、西門街、府前街、府後街、府直街、石坊街……等而已，大部分還是空曠的荒地，和荒廢的水田，但畢竟台北城內是劉銘傳等所苦心經營的現代化都市建設，難怪，當時的人，會覺得較中國內地大部分傳統城市，大有進步的感覺。

但是，清廷官吏十餘年經營，毀之一旦，此中國格局的建設，不容於已汲取西方都市建設經驗的日本人了，他們於領有其第一個殖民地後，便將殖民政府的指揮中心，設置在城內，於是，不惜毀去所有的中國式建築物，因此，除了幾座城門被象徵性保留了下來外，就是布政使衙門的部分被當作古董陳列。

滄桑後的城內，在日本帝國的殖民政府盤據下，不僅另是一番風貌，而且儼若日本「國度的延伸」，大稻埕名醫李騰嶽有「台北竹枝詞」，其中一首，即誌其事：

萬華稍遜稻江優，城內居然佔上頭，
長有人情疎隔憾，三分誰使劃鴻溝。

1
2 3

1. 一九一六年完成的台大醫院，曾是遠東最大的綜合醫院。
2. 外形酷似石燈籠的電台播音器，曾在戰爭猛播「時局歌曲」，號召參與「聖戰」。
3. 新公園內「台北放送局」，戰後的中國廣播公司。

台北老街

第六章

殖民建築，歐風設計

太陽旗之下的城內，巍峨高聳的總督府安坐著，在日治時期的短暫時光，眾多帶有改良文藝復興風格的建築平地升起；從總督府到總統府、從公會堂到中山堂，建築的身世也是台北城的身世，細細探究，竟也都是滿布滄桑的歷史。

中央印製廠

日治時代繁華的府前街通。

THE OFFICIAL RESIDENCE OF THE GOVERMENT OF FORMOSA.

台北城竣工近十一年，日本揮軍渡海，成為被接收的第一個大都會。台北府城是清政府的台灣省省會、台灣民主國宣告獨立的首都：也因為它和日本本土距離最近，所以殖民政府迫不及待地決定「定都」台北。

一八九五年六月十七日，日人舉行了始政儀式，其實當時他們的政治力量僅限於台北城內，不僅南部尚有「民主國」的臨時政府，就是台北近郊也有義軍各據山頭，準備著打游擊戰呢。然而，日人不惜以隆重的方式慶祝，一來是宣告友邦，他們已是台灣的新主人，二來在誇耀武力，向台灣人示威。

日人治台初期，軍事倥傯，無暇革新政制，仍參酌清代舊制，設三縣一廳，縣下設支廳；將台北府改成台北縣而已。他們以蕩平全台為首要目標，因此對城內的建設，認為是「從長計議」之事，未予匆忙地去釐訂都市計劃。不過應急的衛生工程，他們還是迅速規劃了。

一八九六年三月，台灣總督府民政局就對台北縣（當時還未設市），下了一道命令，以每坪三十錢代價徵收因排水工程所需用的水田，一週後（十一日），又再飭令拆除台北城內外對排水工程有障礙的官民房屋。也許大家對這新來的主人，威信仍然懷疑，無人願意依公告價格將土地讓予，而且，那時並沒有制定土地徵收法，無法可循下，當局對民眾的抗拒也莫可奈何。土地問題不能解決，都市計劃實施等於空談，反正行政當局擁有立法權，於是，不久設立了台北「市區計劃委員會」，次第頒布法令，推動各項事宜。一八九九年，第一次頒布有關市區計劃的訓令，但是建設進行遲緩；一九〇五年第二次都市計劃公布，這一次有了較完善的藍圖，而且實施面積也由第一次之七二一公頃，增廣為一、八〇六公頃，並以人口十五萬人為施設的目標。

殖民政府有意剷除城內那些清國遺風的建築物，但是畢竟這些官署、民房都還不是頂老舊，蓄意破壞，徒遭民怨。

一九一一年八月三十一日，台灣北部遭到一次大颱風侵襲，這場災害延至次日（九月一日），台北市區大多浸在洪水中，房屋倒塌達二八、七三一間，死亡人數有四九五人之多。台北廳決意以這個機會，徹底對台北市區加以重建，以期有個理想的台北，於是利用「急難準備金」，著手興築城內各道路；也因為這次風災的破壞，使台北有了從頭開始的新契機。

台北設市，高樓紛起

第四任台灣總督兒玉源太郎及民政長官後藤新平，以「糖飴與鞭」的統治，使日本殖民台灣的地位鞏固起來，而打消了將台灣讓與第三國的所謂「一億元台灣賣却論」。

承繼兒玉的佐久間佐馬太總督接長後，為日本帝國的長遠統治，就開始在城內大興土木了。

原立於二二八紀念公園內的台灣總督兒玉源太郎像。

「民政長官」後藤新平，對台灣人素有「研究」，他曾說：「台灣人怕死，要用高壓手段威嚇；台灣人愛錢，可以用小利誘惑；台灣人重面子，可以用虛名籠絡。」他對「台北都會」的看法，也胸有成竹，因為他認為：「台灣人是屬於物質的人種，黃金和儀禮、華廈和宏園，是他們所尊重的對象，唐詩有句：『不睹皇居壯，安知天子尊。』欲統治此類人種，宏偉的官衙，亦有收服民心之便。」難怪殖民時期的建築物以「壯」、「尊」見長。

於是，一座一座的雄偉壯觀建築，在飛簷、山牆的坐北朝南中國建築，摧枯拉朽下，被夷平後，逐漸地矗立在「台北城內」。這些建築，在日本國內也「望塵莫及」！

一九二〇年七月，台北設市後，加速了更新面貌。十月一日實施的「州轄市市制」，當時台灣總督田健治郎曾發表談話，說：「……實施此次改制之要點，蓋從來地方官官制之改正，雖有數次，而其主旨，均傾向中央集權，地方官之權限極為狹小，此次改制不獨提高其地位，擴張其權限，而與此相關之團體，遂亦逐次成立。因凡事如須一一聽命中央，不特有失機宜，亦濡滯難行。地方事務，自應由地方官員負責處理，使國務之進展，與民眾之便利相互增進。尤以地方公共事業之設施，應成立公共團體，使之與政府共同負責，以收政治之效果，此即革新政治之主因也。」

台北市終在日本人的手中「脫胎換骨」了！

台灣總督府

台灣總督府——當時為營建更有氣魄、更現代化的統治司令部，於一九〇六年、一九〇七年，兩度懸賞募集總督府設計圖；首獎五萬元，第二名二萬元，第三名一萬元，共有五十餘件作品參加了徵選；初選時挑出七名再從中複審，評審一致看好鈴木吉兵衛的作品；一九一〇年秋，決定名次時，出人意料，似乎穩得五萬獎金的鈴木被淘汰了，因為有位評審員提出了異議，認為他的設計圖有抄襲海牙和平宮嫌疑，於是在第一名從缺情形下，第二名長野宇平的作品被採用了。

東京帝國大學出身的建築師森山松之助，對設計藍圖又提供了若干意見，並建議將工程預算由原來

GOVERNMENT OF TAIWAN
(臺灣) 臺北、臺灣總督府
總督府は臺北市の中央に占座し、その威風は四隣を壓してゐる。明治四十五年から六ヶ年を要して完成、工費二百八十萬圓、總建坪二千百坪。

THE OFFICIAL RESIDENCE OF THE GOVERMENT OF FORMOSA.

1
2

臺灣總督府始政第三十回記念
臺灣總督府廳舍

日治時期總督府。

A 3
OFFICE OF TAIWAN GOVERNMENT, TAIHOKU.
臺灣總督府正面（臺北名勝）

飛行機上ヨリ撮影

總統本大智大仁大勇
爲天地立心 爲生民立命
爲往聖繼絕學 爲萬世開太平
蔣公中正連任第五任總統 中華民國四海社謹賀印贈

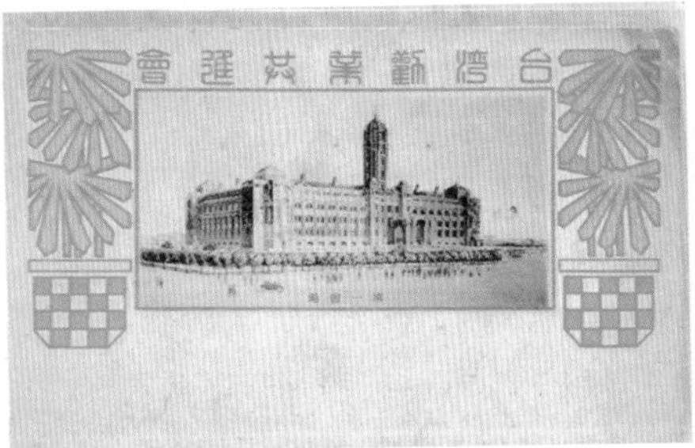
台灣勸業共進會

1
2 3
4

1.2.4. 不同時期的總督府樣貌。
3. 揮手致意的蔣介石。

的一百五十萬元以下，提高至二百五十萬元，使之能成為容納一千人辦公為原則。

一九一一年六月一日，台灣總督府正式動工，費時六年九個月，於一九一九年三月竣工，總工程費超出預算，高達日幣二百八十一萬，比當時艋舺龍山寺、木柵指南宮、新竹城隍廟造價的總和，幾乎還要高出六倍，足見殖民政府耗費之大。

巍峨高聳的台灣總督府是當時台灣第一高樓，這座改良文藝復興式的五層樓建築，中央高塔約有六十公尺高。一登塔樓，俯瞰台北，給人有平地昇天的感覺。黃昭堂在《台灣總督府》一書中說：「台灣總督府是台灣殖民地統治的一個象徵。歷代台灣總督就坐鎮在這幢大廈二樓中央正面的辦公室，睥睨著台灣人。」大樓建坪

菊元百貨遠眺之總督府。

二千一百坪，總面積達一萬零八千餘坪，不僅外觀雄偉，內部裝飾亦富麗堂皇，就是樓梯的柱頭，都裝飾著雕刻的葡萄及各種水果，來象徵富足及美感。

大樓除供當總督辦公室外，當時內務局、文教局、警務局、財務局、殖產局、法務局、外事部及以後增設的米穀局都集中在此上班。

戰時，這座總督府曾被盟軍轟炸，部分被毀。

戰後，台灣士紳集資修復，一度改稱為介壽館，先做蔣介石六十大壽的賀壽建築，一九四九年年底，國府遷台，作為中央政府辦公之處，定名為總統府。

戰前台灣電力的辦公大廈是一九〇九年由森山松之助設計，原為土木局辦公室後改為電力株式會社。

THE OFFICIAL RESIDENCE OF THE GOVERMENT OF FORMOSA.

臺灣總督府官邸

日治時代的台灣總督府中央研究所。（位於今中山南路）

1
2

總督官邸

日本治台初期，總督官邸設在西學堂內，作為臨時性棲身之地。占地廣達一萬一千坪的總督官邸於一九〇一年落成後，台灣總督才有真正的行館，這座後期巴洛克式建築，樓高三層，屬磚造與混凝土合用之構造，規模宏偉，屋頂金屬瓦片，後院庭園，屬日式風俗，濬水池、造假山、蒔花植木，細草如茵，雅意盎然，由於花費過鉅，曾引起日本國會議員指責。北門外廓之石製「巖疆鎖鑰」即被移在此八角庭作為亭腳基石，如此做法，是否有統治者恃勝的心態，不得而知。

兒玉以次的各任台灣總督，均以此為公館，當時有「東閣」之稱，除了少數訪台貴族能被接待在此「總督套房」住宿外，其他人是沒有機會的；不過幾任總督為表示親民，曾邀約文人雅士來此吟詩酬唱。

戰後，這座官邸改稱「台北賓館」。

OFFICIAL OF THE GOVERNCR GENERAL OF FORMOSA. 臺灣總督官邸

1 2
3 4 5

時為台灣總督官邸的一方園地，
如今改稱「台北賓館」。

台灣博物館

台灣博物館前身為「台灣總督府民政部殖產局附屬博物館」，後改稱「台灣總督府博物館」，位於總督府後方，在一九一三年四月一日建築現新址。

被稱為古典造型建築代表作的博物館，位於台北二二八紀念公園北側，其原址為天后宮，一九一五年四月十八日舉行落成典禮。總工程費為二十八萬三千五百二十五日圓，當時，能以如此有限經費，建築這一座「日本建築學界所主倡近代主義中最莊重、技術最圓熟」的作品，是當時很自豪的事。

博物館興建的原因，是一九〇五年為紀念前任總督兒玉及民政長官後藤新平的對台治蹟，由官民捐款。一九四六年四月一日設立「省立博物館」，台灣同胞當時也捐款，高達二十七萬五千八百二十五銀元。

這座希臘式 Doric Order 二樓建築，建坪約五一〇坪，因基座甚高，顯得更莊嚴肅穆，尤其中央的圓頂設計，極具巧思，從入口大廳，仰頭望之，彩色玻璃的採光窗，震撼人心。館藏以自然物、台灣原住民文化及南洋土著文化為展示主體。

一九一五年落成的台灣博物館。

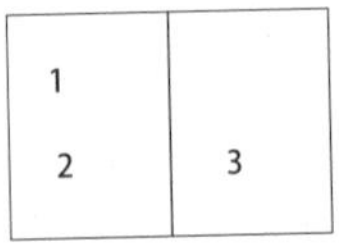

The Museum, Taipeh.
台北博物館

No. 95（臺北）新公園と博物館
TAIHOKU NEW PARK &
市の中央にある小規模ながら新施設完
THE MUSEUM, TAIHOKU.
備せる樂園 博物館は蒐集品の充實せる事斯界に名のある處である

台大醫院舊大樓。

台大醫院

日治時代，一八九五年日本宣布，對台「始政」是六月十七日，第三天即在大稻埕千秋街初設大日本台灣病院。一九一一年，開始在公園側的明石町（今常德街），即總督官邸後側通道營建台北醫院，由近藤十郎設計，當初曾調查香港、菲律賓等熱帶地區醫院，以為參考。一九一六年完成正廳主要部分，其後再經多次增建。

這座R、C及鋼骨結構、外壁有紅磚及面磚的建築，當時是遠東地方最大的綜合醫院。

台北帝國大學成立後，成為附屬醫院，戰後，歸制為台灣大學醫學院附設醫院。

台北火車站

台北火車站，有清時代，原設於大稻埕河溝頭，稱為「大稻埕火車票房」；那時南下列車僅到新竹，日本人修築縱貫線後，將「台北驛」改建於今忠孝西路現址，一九一八年四月落成；後因交通量驟增，一九三八年工程費八十萬日圓，再予改建，一九四〇年六月完工，係方塊組合的建築，不算豪華壯觀。「台北驛」，台灣人稱為「火車頭」或「前站」，因為大門是開在「城內」，面對城垣拆除築成的三線道路；而另設「後驛」（後車頭）在大稻埕。

「前站」和「後驛」，設有陸橋溝通，需購買月台票，五、六〇年代，票價是新台幣五角。從前站走第四月台，就是北淡鐵路搭車處。

為便利旅客，分散貨物站於樺山站（戰後改為華山站），今北平路，即日治時代樺山町，係紀念據台第一任總督樺山資紀而命名。

1. 台北公園周邊空照圖。
2. 現今的行政院。曾做台北市役所、台灣省省政府。

THE OFFICIAL RESIDENCE OF THE GOVERMENT OF FORMOSA.

台北郵局

台灣早期私人信件託民營信居代遞稱批館（信，台語為批），台灣郵政則始於一八八八年（光緒十四年），劉銘傳創辦郵遞新政，最初台北郵局設於大稻埕的建昌街，後移於北門內側京町（今博愛路）。

原為木造房，一九二六年改建，一九三〇年三月竣工，占地四千坪，樓高三層，水泥鋼骨構造，表面塗綠色，戰後，添建四樓，改為淺褐色。

郵政、電信的業務，原來本是一家，稱為台北電信局，一九三七年六月二十日，實施自動式電話之後，郵政、電信才分離為郵便局、電話局。

台灣總督府遞信部。

台灣銀行

日軍登陸基隆僅四個月，日人即由大阪中立銀行在基隆設置出張所（辦事處），辦理國庫業務及從事一般銀行業務。

台灣總督府直轄的台灣銀行於一八九九年成立後，在同年十月一日，接管國庫業務，成了殖民政府的金融中心。

位於總督府北側的台灣銀行，一九〇三年是一幢木造建築，一九三八年始完成正面有希臘哥林多柱式的建築，壁體是由花崗石與人造石嵌砌而成，曾被評為當時最優美的建築物之一。

台灣銀行雖屬「地方銀行」，但一九四九年後，「代理」中央銀行的諸多角色，通行貨幣也由台灣銀行發行。

(臺北) 北門と臺北郵便局
36 The North gate (an old castle gate) and The Taihoku post Office.
古の臺北を圍んだ大城壁の面影を殘す北門、右郵便局
は最近の建築にして宏壯優美

北門與郵局。

法院大廈

法院大廈位於總督府南鄰，一九二九年四月改建，一九三四年四月竣工，同年十月三十日舉行落成典禮，建坪一、八三〇餘坪，耗資一百四十萬日圓；中央為五層，兩側為三層，外壁貼淺綠色小面磚，可說是台灣建築由紅磚外觀，進入貼面磁磚的代表作。門窗及廊道均有優美的圓拱，莊嚴偉觀，充作高等法院、檢察局、台北地方法院。

高等法院一覽

公會堂

公會堂舊址為清代台灣撫台衙署址，也就是日治初期舊總督府廳舍；一九二八年，台灣總督府藉紀念日皇裕仁登基，開始規劃興建一座公用建築物，以資紀念，乃委由總督府營繕課設計，由井手薰負責。一九三一年拆卸衙署，同年十一月二十三日興工，歷經五個寒暑，於一九三六年十一月二十六日完工。

這一座風格和台北火車站同屬台灣建築史上淺綠色面磚時期的四層鋼筋水泥建築，基地面積為

THE OFFICIAL RESIDENCE OF THE GOVERMENT OF FORMOSA.

公會堂從清代一路走來，如今成為台北市民的活動中心。

1 2 3 4 5	

中山堂元旦團拜照片，中間穿披風者為蔣介石。

三千六百餘坪，建築面積達一千二百三十七坪餘，總建坪達三千一百八十五坪，工程費花費九十八萬日圓。台北公會堂的規模規劃，是以一九三〇年代大台北市容納六十萬人口數的藝文空間而設計。

這座宏偉的民眾聚會建築，其外觀、內部現代化的設備，在日治時代是數一數二，與日本本土相較，亦只遜於東京、大阪、名古屋等都市公用建物而已。

日本無條件投降，「受降典禮」選擇於此，一九五二年，中日和約也在這裏簽字。

戰後，公會堂改稱中山堂，是台北市民的活動中心，不過國府遷台初年，中山堂的功能甚多，一九五〇年到五九年，立法院會在中正廳舉行；第二、三、四屆總統、副總統在此行就職典禮，還有中樞開國紀念日典禮，也都選擇在此。如無這座「日本人的建築」，當年不少大典可要費腦筋了。「中華民國國民代表大會」目前會址，設在中山堂後段，原後段面臨中華路的花圃已改建成為大樓，曾當作國民大會祕書處。

台灣鐵道旅社

這座日治時代的觀光級飯店，面積約有三、〇六九坪，建坪六二〇餘坪。位於「台北驛」前方，即凱撒大飯店西側新光摩天大樓一帶，建築雄偉，「內部裝飾及餐器都是很講究」，興築此西式豪華飯店是配合台灣西線縱貫鐵路的貫通。當年，比起日本本土的一級觀光飯店，毫不遜色，堪稱台灣第一家觀光飯店，這座台灣人稱的「鐵路飯店」，在一九四五年太平洋戰爭的美國軍機轟炸，夷成焦土。

堪稱是台灣第一家觀光飯店的鐵路飯店。

菊元百貨店

一九二八年動工，費時四年完工的「菊元百貨店」，位於有「台北銀座」之稱的榮町（今衡陽路與博愛路交會處）。一九三二年十一月二十八日開幕，是台灣第一家百貨公司，代表台灣生活消費水準，進入現代化百貨公司的格局；擁有台灣第一部商用電梯，可直達第五層，菊元百貨，樓高七層，有「七重天」之稱，是和「台灣總督府」似乎同高的高樓建物，當年傲視全台；是「城內」繁華的象徵；菊元百貨一至四樓是華洋百貨總匯，五樓為食堂，有「洋食」（西式料理）以及咖啡等喫茶室，六樓也是賣場，七樓是加蓋的觀景樓層，可鳥瞰台北城風景。登樓可搭乘「流籠」（升降梯）是民間第一次有此設施。戰後，接收納入貿易局，稱「新台公司」，後數易其主。

建築歷史，歷史建築

台北毀城夷廓後，日本人雖將行政中心設於台北，但是並非平衡地發展台北市的建設，一切以他們盤據的城內為主，所以一幢幢的雄偉大廈，被規劃、建造在城內。而且道路的施設，也城內、外有別。

一九二五年六月二十一日，《台灣民報》第三卷第十八號，有如此評論：

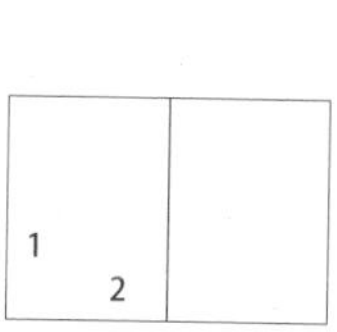

1. 一九三二年，當時最高的菊元百貨店，可以遠眺台北城（現博愛路）。
2. 台灣第一家百貨公司 - 菊元百貨。

「到過上海的人便知道，租界內的道路和租界外（即中國界）的道路，實有天淵之別，不幸這種現象，我們也能夠在台灣的首都台北市發現。城內的道路，正如上海的租界內、城外（稻江、萬華）正好比上海的中國街道，稻江、萬華這方面，一下了雨，便泥濘水窟滿街道，不堪出門，唯城內則不然，當局這種不公平的路政計劃，我們無從而知，但知道他們失策罷了。」

不僅道路有兩種標準，送電也是一樣，雖然「同是點電燈，同是納同樣的電燈料（電費），但是總督、長官、內地人（日本人）上班、居住的城內就很少會停電，而大稻埕常常停電，只因為大稻埕方面的送電用料，皆是城內換來。」《台灣民報第二卷第二十六號》

公會堂還沒有計劃營建時，時人曾呼籲當局重視城外，他們說：「一個偌大的台北，又是台灣的首都，而一個公會堂也沒有，實在奇之又奇！我們早就倡其急要了。……然而這裏有一個問題，是位置的問題，我們是希望台北市公會堂的位置，要取一個公平的辦法，不要像總督府、台北醫院、公園，和其他一切官衙、公署，盡蓋在城內。」

當然，「凡事以日本人為本位的台灣」，時人的建議，未能奏效，也因為日本人另有野心地在「城內」建置，所以大正時期（大正元年即民國元年），城內的市街被譽為「日本最新的城市」，城內的幾座大建築比日本重要近代建築也不遜色。

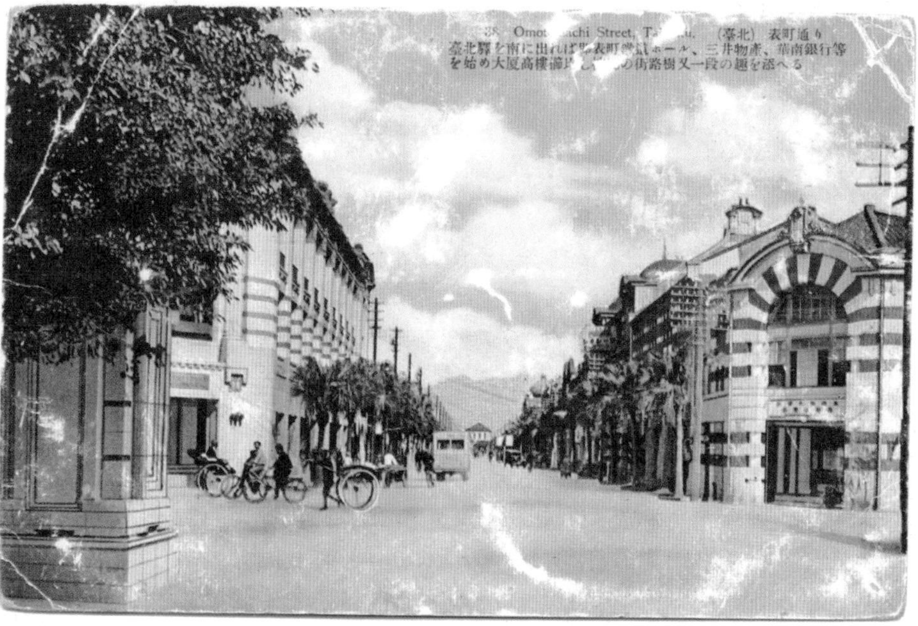

博物館前的表町。

THE OFFICIAL RESIDENCE OF THE GOVERMENT OF FORMOSA.

1	
2	

建築家李乾朗說：「一九〇〇年之後，台灣總督主掌建築工程的營繕課任用了一批出身東京帝大建築科的技師，這些西方教育訓練出來的建築師與當時之建設政策配合無間，永久性的官署廳舍即出身於他們的手筆。所謂後期文藝復興式建築乃漸漸出現，這個新的形式是延續了歐洲的傳統，又稱為樣式建築。一九一五年落成的博物館是一座里程碑，到了一九一九年總督府廳舍落成時，算是樣式建築之形式及美學標準，作了一個總結。」他又給緊接著台灣建築界的革新，做了一段詮述：「一九一九年至一九三七年，中日戰爭前的階段，是現代主義折衷主義時期。由於結構方式及材料之開發，有了革命性的演進，建築的表現更趨豐富。例如台灣大學及高等學校（今師大）校舍均是代表性作品，公會堂（今台北中山堂）為此期之高峯。」

日本殖民政府的官廳，改換了滿清時代坐北朝南，而以「向北、向東」為原則，這是以「北望日

1 2 3

日治時代表町的勸業銀行，二〇〇七年，勸業銀行舊廈開始進行大規模整修，後由國立台灣博物館使用（但產權仍歸土銀），定名為「臺博館土銀展示館」，於二〇一〇年二月二十一日開館。

本」、「迎接旭日」的政治考量。今天的凱達格蘭大道、仁愛路，即是表徵這種帝國意識的「都市中軸線」。

巡視了城內而今尚存的「殖民政府時期」建築，和走過當年街道布置，我們可以明白，不僅建築風格賦予了台北市一個「西化」形象，也反映出當代的歷史的一面！我們知道「台灣近代民族運動」從醞釀、成長、茁壯，以致被摧殘，正是日本人平地起高樓的這段時間。

一九四五年，追隨陳儀來台，派任麻豆鎮曾文區區長丁名楠，對戰爭期間，遭受美機狂轟濫炸的頹垣斷壁的台北市城內建築，有如此的感言：「……類似這樣的建築，當時內地各省都還沒有，這些現代的建築雖然透露了日本企圖永久占領台灣的野心，但也顯示了日本的氣魄和實幹精神，不可小視。」

1.2.3 不同時期的台北本町，可略見街景變化。
4. 日治時期台北府前街通。

THE OFFICIAL RESIDENCE OF THE GOVERMENT OF FO

1	3
2	4

邸官督

城內街道，在汰舊更新下，「大漢」的遺風，很快地雲散了。由於「歐風」的吹襲，今日的重慶南路一段（本町）、衡陽路（榮町）、館前街（表町）、博愛路（京町），在日治時代，在「大和」風格中，也有歐洲的「身段」。

歐風建築，書香街道

走進重慶南路，街頭右側原「消防組」，為一座高塔型建築，登高可眺望市區失火之處，速即派消防員前往救援。

重慶南路一段，是著名的「書市街」，有人說是台北市書卷氣最濃厚的街道，匯集於此大大小小的六十多家書店、出版商，成了台灣的知識訊息發布地。

其實，書市街的形成是在戰後，因大陸著名的書局，為逃避紅禍，而相繼遷台，如商務、世界、中華、正中等，這些「名牌出版社」在台另啟新頁，而形成了重慶南路的書香氣息。

「書市街」的早年歷史源於北邊西側的「台灣書店」和南邊東側的「東方出版社」；「台灣書店」

在日治時代是「台灣書籍株式會社」，作為殖民政府印製中小學校教科書的大本營：戰後，成了省政府的「教科書總批發所」，一九四六年改組為「台灣書店」。「東方出版社」則是「新高堂書店」，是當時大書店之一，戰後，由以游彌堅、林呈祿等為首的台灣知識分子「接收」，改組為「東方出版社」，曾出版《東方少年》雜誌，幾成了兒童書籍專賣書店。一段南北的這兩家著名書店，原建築都是「歐風」的，曾被列為紀念性建築，不幸難逃被拆除重建的命運。

重慶南路一段也是「閱兵大道」，好幾年的十月十日，隆隆的戰車聲、刷刷的擺臂聲、響亮的口號聲，在這條街上一陣陣地湧過，這一天的早上，也正是書市街難得全面歇業之時。

「城內」最主要的幹道——重慶南路也是「國府之道」，只是總統不「走」其路；兩位蔣總統是由中山南路轉介壽路（今凱達格蘭大道）驅車直入總統府，而李登輝總統等後繼者，則將官邸設在附近的愛國西路處，也不過此「道」，此路雖無「官氣」，但有「士氣」，畢竟讀書人喜歡來此逛街，而且買書後，如有時間，信步朝南走，幾分鐘就到了南海學園，漫步植物園，更可「修心養性」了。

閱兵遊行的重慶南路。

1	
2	

第七章

西門町采風錄

台北老街

繁華，是對西門町的第一印象。讓時間倒轉，回到日本人尚未進入台北以前，這裡是片荒墳，日治以後，西門町成了在台日人群聚之處，處處皆可見和風；這裡，見證著日治時期台灣銀座的車水馬龍，戰後電影業風光的一幕，也在此，幕升幕落。

中央印製廠

清末西門外，謝明錩水彩畫，1998 年。（謝明錩提供）

「不到台北市，不知台灣的繁華；不到西門町，不知台北的熱鬧。」這句話，是禁得住考驗的。西門町的商店街，是台北市消費市場的指標。西門町的電影街，是台北市娛樂市場的樞紐。

西門町的舞榭樓台、西門町的委託商行、西門町的路攤餐廳……；還有肩摩轂擊的人潮、浩浩蕩蕩的車隊……誰能不說它是台北市華麗、奢靡、風尚的代表，名聞遐邇的西門町，如今雖有日薄西山之態，但是台北市鐵路地下化完成，淡水河澄清之日時，西門町的東山再起，必然可以預期，那時候，相信它將又以一個嶄新的風貌，領導著台北市向更現代化邁進。

西門町的「町」，本字是念ㄊㄧㄥˇ，但因受台語的影響，約定俗成讀ㄉㄧㄥ了；西門町是日治時代「行政區域」的命名，日本人將地區分為：市、町、村、字，工商區多稱町，農業區多稱村，台灣人顯然不知如何用台語去讀「町」這個字，於是「秀才識字認半邊」，想不到大陸人士來台後，也「入鄉隨俗」，跟著有邊讀邊，竟然讀成「ㄒㄧ ㄇㄣˊ ㄉㄧㄥ」了。

繁華商場，原是墓地

西門町之名源於西門，西門稱為寶成門，是重脊歇山重簷式的城門；當初，日本人為了興工修築縱貫鐵路新線及擴充道路，決定拆除台北城垣和城門時，台灣總督府圖書館館長中山樵得

世界館電影院，門前的雕像充滿西方風情。

知消息，加以反對，並呼籲應保存城門，列為古蹟，可惜當他的請願被當局採納時，西門早就蕩然無存了。台北城的五座城門——東門、西門、南門、小南門、北門，西門成為唯一一座被日本人所拆除的城門；所以西門町有西門之「名」，而無西門之「實」。

一八八〇年代以前，現在所謂的西門鬧區，卻是一個「夜都市」——荒塚纍纍的公墓；公墓附近有一條大水溝，和一片沙質的番薯田。白天，偶有牧童來此地放牧，入晚後，人跡罕至，只有潺潺的流水聲和刮刮的寒鴉啼，其淒涼、陰森的景色可知。

台北城築成後，城內因係行政重鎮，發展很快，而有一八八〇年（光緒六年）開闢的「西門街」及稍後拓成的「石坊街」。一八八五年，劉銘傳創新市公司，招商建築市街，乃再闢建「新起街」，意謂新建的道路，由西門通往艋舺祖師廟，「西門地區」從此不再是「畏途」。

日本治台後，日本人將「城內」當成全台的軍政中心，大量的日本移民也漸漸盤據在城內，和原台灣人居住的地區——艋舺（萬華）、大稻埕，成了強烈的對比。

「城內」被較早來台的日本人住滿後，遲一步來台「淘金」的日本人，便在西門地區覓地建築房屋，他們清塚填溝，於一八九六年九月蓋起新起街市場，這是台灣新市場的濫觴，二年後新起街市場改建成八卦形的磚樓一幢（俗稱八角樓），左方是T字形平屋，一八九八年十一月落成時，曾開物產共進會，以資慶祝，這座八角樓就是今日的紅樓戲院，連同魚肉蔬果市場，大家名之為西門市場。

1. 原台灣軍司令部，為台北市市定古蹟。現為中華民國國防部後備司令部之所在。
2. 新起街市場，現今的台北紅樓。

「八角樓」為兩層樓，樓下販賣日常用品，樓上出售古董、舊書，據台大教授黃得時說：他的藏書不少是在日治時代購於此舊書鋪。西門地區，成「市」後，日本人對他們的居處，原是墓地，心裏很不舒坦；為了驅除邪氣，請了日本京都伏見區稻荷山的「稻荷神魂」——狐仙，來驅鬼鎮祟，這個小小的廟就是蓋在西門市場右側空地；穿和服，腳蹬木屐的日本人常來參拜，香火鼎盛，西門町的熱鬧，也因此起步了。

範圍多大，見仁見智

西門町的範圍有多大？誰也說不上來。有人說是以西門圓環（即中華商場愛棟與信棟間，鐵路平交道的南側，以前塑有鐘樓，現在已拆除。）一千公尺直徑的圓型地帶為準；其實，在殖民政府實施市制於町名改正時所稱的西門町，只是約今中華路以西至康定路間之成都路兩側一帶而已，西門國小即在此範圍內，但

景全街市北臺　　（一其）景全街市北臺

是，民間稱呼的西門町，範圍就大得多了，以日治時代的町名來說，包括有築地町（因地勢低窪，填土而成故名）、壽町、濱町、末廣町、泉町、新起町、西門町、若竹町……都是；當時住在這裏的日本人還組織個「西門會」。

以現在台北市的地圖來看，西門町的範圍應是東起中華路、西至康定路、南起成都路二段，北至漢口街，其中包括的有昆明街、西寧南路、漢中街、峨嵋街，和武昌街二段、衡陽路、寶慶路等；當然，這是戰後廣義的西門町，我們現在說：「到西門町去逛逛。」大概指的就是這一大塊的地區。

東洋情調，娛樂日人

日治時代的西門町是日本人的娛樂場所，所以當時的西門情調是東洋式的。

一八九七年十二月十九日，日本人即在西門町蓋了台灣第一座劇

現今西門捷運站前身，日治時期橢型圓環全景。

THE OFFICIAL RESIDENCE OF THE GOVERMENT OF FORMOSA.

一九三五年 始政四十周年台灣博覽會的西門大陸橋夜景。

場——「浪花座」，地點就在今天萬國戲院舊址，「浪花座」後來擴建為「朝日座劇場」。一九二〇年代，已有專演日本劇的「榮座」，電影院則有第二世界館（曾為昆明街太平洋飯店）、新世界館（今新世界戲院）、芳乃館（今國賓戲院，以前為美都麗戲院）、國際館（今國際戲院）、大世界館（今大世界戲院）、台灣劇場（今中國戲院），大家以前所說的「電影街」即是指這個地方。

一九二六年到一九三二年，即日本大正末年和昭和初年，新世界館的後面小巷，有日人所稱的「片倉通」，林立了二十家左右的館子，壽司、佃煮、蒲燒、燒鳥等日式小吃應有盡有；附近又有日式的、西式的大酒家，西門町的繁華景象，更名不虛傳。難怪當時在台的日本人喜歡留連「西門夜店」。

王詩琅在〈西門町憶舊〉一文寫出：「日人在台北市的人口，充其量也不過祇是有兩三萬人，可是他們只在西門町就有這麼廣大的娛樂地區，這麼多的娛樂場所，來供這些統治者的消遣、享受，相反地台胞們的這種設備，不但相形見絀，毋寧說是太可憐了。」

戰後初期，暗藏春色

戰爭結束後，日本人被一批批地遣返，台灣人將西門町的攤棚，據為己有，由竹搭慢慢改建為木造，而且再加蓋半樓，供伙計打鋪蓋，但這些「半樓」卻成了暗藏春色的地方，那些陪酒的「半樓仔查某」，成了「醉翁之意不在酒」尋芳客尋樂的對象。大陸來台的人士們，也將之視為買醉的地方，這是當時百業蕭條的社會中，一個很不正常的現象。以後，治安當局嚴厲取締了「半樓露店」，想趕走色情，但是此時社會的昇平現象已漸浮現，於是「純喫茶」（咖啡座）、浴室、酒館、歌場、舞廳又將「西門町」打造成了一個五光十色的花花世界。

一九四九年，國府遷台，台北市政府為了安置這些大陸來台的小商人，委託警民協會將從北門到小南門間縱貫鐵路兩側的空地，搭蓋了三列臨時棚屋，以安定他們的生活。這些隨軍來台的小生意人，以開設大陸各省口味的餐飲麵食營生，因為生意不惡，而且歸期渺茫，於是違建越建越長，將台北站南下到萬華站縱貫鐵路的兩側似乎給占滿了，既不雅觀，又不衛生，成了台北市之瘤。

台北市政府為整頓市容，擬訂了中華商場整建的計劃，終於一九六〇年春，將鐵路兩側的棚屋全部拆除，在東側建造全長一千一百七十一公尺的鋼筋水泥三層店鋪八棟，自北而南以八德——忠、孝、仁、愛、信、義、和、平命名，計有一千六百四十四個鋪面，是台灣最大的小商販商場，以當時的台北市來說，可以說是美侖美奐的百貨總匯商場；商人且利用商場樓頂架起高聳的廣告霓虹燈，入晚後，閃爍燈光，給台北增加了鮮豔瑰麗的天幕。

但等到中華路兩側高樓崛起後，中華商場就顯得不上眼了，加以火車長年通過商場，將後牆燻得黑漆漆的，住戶又將廢品雜物胡亂堆積在那裏，更顯得不堪入目。每當北上列車將進台北火車站時，便會對台北市產生了一種先入為主的雜亂印象，中華商場又再度成為了「台北市之瘤」；鐵路地下化完工後，中華商場的存廢，成了市政建設的重大課題。

時任台北市長的馬英九先生，曾經提出一個構想，希望能夠將目前已

1. 中華路早期棚屋景象。
2. 中華商場。

經廢除的中華商場一帶，建設成台北的「香榭里舍大道」，北門則是那座輝煌的「凱旋門」，至今尚未成形，未來則有待時間觀察。

媽祖坐鎮，鬧區淨土

西門町寸土寸金，一分地都很難「得」，但成都路北側近西寧南路口卻有一座廟，稱為台灣省天后宮，是台灣地價最貴的廟宇；位於西門町鬧區核心地帶的媽祖廟原來是日本人的弘法寺，戰後，失火燒燬；一九五〇年，信徒將原艋舺新興宮的媽祖金身，迎接安置，乃改名新興堂，後再改稱台灣省天后宮。

新興宮原是艋舺三大廟宇之一，日本人在拓寬馬路時，將之拆除，媽祖金身和廟產暫存龍山寺，「新居」完成後，寄人籬下的天上聖母，才進駐此寸土寸金的現址；因此雖是新廟，卻擁有一七九二年（乾隆五十七年）的法物和一口百年無錫元和廠製造的大鐘，和頗具歷史價值的匾額多方。

媽祖娘娘居住在鬧市中，面臨著熙熙攘攘的眾生社會，而且是個沉淪的、爭奪的環境，想救苦救難的感觸必然良多吧。去西門町追趕新奇和時髦、享樂和刺激的人們，路過這一片「淨土」，他們心裏的感想會是如何呢？我們就不得而知了。

樓起樓塌，流轉不息

日治時代，西門町是日本人的天下；戰後，當他們要走時，將住屋、商店私相授受，不少和日本人有「交情」的人，無償取得了產權，發了一筆「接收財」，使西門町產生許多「新貴」。當然，也有人看準了西門町是塊可以淘金的地方，擠到這裏做生意。

國府於完成接收工作，為加強節約運動和維護善良風俗，下令台北市所有飲食業，要改稱「公共食堂」，一時西門町大街小巷滿是公共食堂，「南國公共食堂」的營業項目是西餐、咖啡、西點；「嗎哪公共食堂」則以賣牛尾、牛舌出名。大陸各地口味的餐飲，紛紛以上海、北平、天津分店的名稱，在這裏開市，也有以標榜某大牌廚師的大名為號召。西門町成了吃的天堂，即使吃不起這些高級公共食堂的消費者，也不必望食興嘆，因為中華路鐵軌兩旁的攤棚有低消費的「老山東」、「天津館」……供您花很少的代價，就能吃飽一餐。

有本事的人、肯幹的人，不難在西門町發跡，但是，也很容易被「逼」出了這個「日日求新、事事求變」之地；不少「大王牌」和「金字輩」的人物，「眼看他起高樓，眼看他樓塌了」，便是活生生的事例。

「西瓜大王」曾是西門町最風光的店面，門庭若市，賺的錢比誰都多，但是很快就銷聲匿跡了，有人說，「西瓜大王」是在一夜之間，輸掉了整個店面，但是後來的人頂了他的大王招牌，繼續營業，生意就是做不起來。

「金剪刀阿郎」是西門町純男師傅海派理髮店雷門理髮廳的老闆，他的手藝聞名全台，擁有不少老主顧，頭上要「挨他一剪」，還得等老半天呢。有一年，赫本頭流行的時候，他還破例做女人頭，賺了一筆；可惜，觀光理髮廳林立以後，他聞名海外的金剪刀手藝，敵不過有馬殺雞服務的半路出「師」的女理髮師。

以前，衡陽路、博愛路、成都路聚集了好多家生意興隆的上海式綢緞莊、皮鞋店、食品行，而今所剩無幾了。今天，高雄木瓜牛奶、台中蜜豆冰、台南担仔麵、基隆甜不辣（天婦羅），也已不像當初一窩蜂設店的時候搶市。近年來，西方食品業麥當勞、肯德基等，搶著登陸，想也不可能永遠占著一席之地，長江後浪推前浪，西門町此起彼落的現象，正是說明了「台灣無三日好光景」這句俚諺，還真不虛假，社會的萬花筒是每日不停的在變化。

影院集中，一票難求

西門町在日治時代就是台灣電影娛樂事業的中心，大世界、新世界、台灣等「映畫」劇場，每一場都可說常是「滿員」（客滿）；戰後，盛況不減，尤其是武昌街二段，從昆明街到康定路，短短的五十公尺內，有樂聲、豪華、日新、台北……等十餘家戲院，「電影街」之名，不言可喻。誰能夠想像，日治初期，今武昌街可是輕便軌道的用地呢！

台灣觀眾看電影的次數曾留在金氏世界紀錄大典上，那一年的統計是每人每年平均達六十六次；對有趕場經驗的人來說，這個紀錄還可能偏低呢；台灣的電影排有早場，這也是世界各地少有的現象，早場電影散場後，再進午餐，據了解，這些影迷大都是空著肚子，不吃早餐的。

親愛的觀眾：

本院特設「電話預售」各場大電影票，歡迎愛好看電影的觀眾，多多利用，詳細辦法可向本院電話預售處，或電話：381-4390接洽。 謝謝！

保密防諜，人人有責！

江湖情

郭吉，潮州苦力，一九五三年從大陸來港投靠朋友林潮生，不料潮生已死，遺下兒子定國，吉被迫照顧定國，定國與吉兒子家勇及女兒惠珠一同長大。

一九六八年，三人已長大，家境貧困，勇更好賭，珠淪為舞女，勇更在李阿炯之外圍狗檔出術，被痛打並要賠償損失。二人走投無路，與老友麥英雄同謀，用膽搏膽形式去劫英雄老闆朱老大走私的黃金。

三人闖下大禍，被朱老大手下追擒，珠被捉定國挺身而出換珠。

珠負傷往求李阿炯，炯助之使定國不致被朱老大所殺。

二人帶麥英雄往見李阿炯，仍英雄有口吃毛病及鼻敏感，在炯哥面前出醜。三人在炯手下做事而英雄表現差被逐離去。

數年後，國與勇已經成為李阿炯的得力手下，朱老大設計欲殺李阿炯，仍反而被害，國因此身負重傷，炯更賞識國。

不久，炯的恩人秦國范老大逃港來，阿炯收留他，警方及黑道中人逼炯放人，炯堅持不允。勇失勢憤恨，為五拾萬賞金殺范老大，炯發覺要殺勇，國以性命力保，炯遂二人離去。

勇欲投靠朱老大，國不允，兄弟反目，朱追殺國，勇更助之，英雄包庇國致被勇斬去尾指。

李阿炯與英雄表妹預備結婚，而炯與朱老大講和的中間人洪爺亦在這時死去，朱想在婚禮上殺炯……。

炯與國及英雄二人言歸於好，二人亦往觀禮。婚禮中，炯與寶兒（英雄表妹）齊被槍傷，而勇，國及英雄三人被迫作生死搏鬥……。

1	2	5 6
3	4	

電影本事。

第一聲光　統帥大戲院　總滙

以光復大陸爲目標！以支援反攻爲中心！

亂世佳人

美國南部佐治亞州，有兩大世家，一姓「奧哈拉」，一姓「韋基士」，「奧哈拉」家中有一位小姐「史嘉麗」，美貌如花，性烈如火，爸爸「蔣勒」，媽媽「愛蓮」由於溺愛，都讓她幾分，姊姊「瑞蓮」與「嘉蓮」更不敢惹她，只有黑色老媽能夠隨時教訓她幾句。

「韋基士」家中有一位公子「雅士利」，與「美蘭妮」訂婚，在十二橡樹花園請客，「史嘉麗」全家都去道賀，她另有一件心事，儘管許多男性向她追求，她却鍾情於「雅士利」身上，豈料表妹「美蘭妮」反而得配這位郎君，她生來任性，決心爭奪爲夫婿。

當時美國分爲南北兩派對立，時局緊張，男客們散席後，大家閒談，談及「林肯」總統積極備戰，多數主張抗戰，座上獨有一客「里德」提出異議，「美蘭妮」的弟弟「查理」當堂冒火，要跟「里德」拼命，「雅士利」連忙勸止。

「史嘉麗」實行作娟奪戰，找「雅士利」直接談判，要求馬上結婚，但被他婉轉拒絕，「史嘉麗」頓發嬌，打了他一下耳光，「里德」恰巧在旁，人眼動心，從此永留「史嘉麗」的倩影。

南北兩軍正式宣戰，佐治亞州男子多數入伍，「雅士利」也不能例外，「史嘉麗」見他戎裝出發，跟「美蘭妮」吻別，心裡又妒又憤，賭氣嫁給「查禮」，豈料「查禮」竟然陣亡，由於媽媽「愛蓮」勸告，她跑到押倫達城「美蘭妮」家裡，共慰寂寞，「雅士利」從前線告假歸來，「史嘉麗」再次見他，又覺高興。

城中舉行戰費募款的跳舞大會，「史嘉麗」報効義舞，花枝招展，到時出席，偏偏又給「里德」再次相遇，他發了大筆戰地財，名利双收，成爲時勢英雄，當堂捐款百餘元，拍賣得與「史嘉麗」伴舞一次，他提出求婚，却被「史嘉麗」拒絕，似乎只有「雅士利」一個人繼續佔滿她的心坎。

戰事一天比一天激烈，南軍傷兵滿坑滿谷，「史嘉麗」與「美蘭妮」都入醫院服務，忙個不了，人人逃難，「史嘉麗」想走而不忍走，因答應「雅士利」要照顧「美蘭妮」，偏偏不遲不早，「美蘭妮」此時臨盆產子，她拼着一死，冒險留在「美蘭妮」身旁。

電影院多，並不能代表娛樂事業的發達，正因為台灣其他的娛樂發展不均衡，才有這種「上西門町，擠電影院」的現象出現。

曾現疲態，必將再起

台北市往東區發展後，西門町各行各業的成長因「東進」而受限了，而且還有急速衰退的現象，連獨霸一方的電影街也今不如昔了；西門町已不再如東區一樣，是高消費的地方了；有人說西門町衰態已現，勢必被淘汰，說不定會和那座消失的寶成門一樣，成了歷史名詞。

但是，使西門町起死回生的契機，正在進行和研議中；台北鐵路地下化後，西門町的重新規劃，將可有更寬敞的空間，來接納從車站出入的人潮；淡水河整治工程完成後，西門町更將成為一個有「護河」的地區，而這條潺潺的河流，必是市民一個休閒活動的好去處。這些都是東區所沒有的條件。

然而，「重生」後的西門町，希望能夠擺脫紙醉金迷、尋歡求樂的形象，而成為代表台北市活力、健康和希望的「更新社區」，而不只是青少年消遣、消費的樂園。

清同治年間《淡水廳志》北淡八景的「劍潭幻影」。

第八章

劍潭敘舊，傳說軼聞

台北老街

劍潭幻影，寫出國姓爺在台灣的傳奇，也點出曾屬於劍潭的風景秀麗、古剎傳奇。鄰近的圓山，寫下了屬於遠古先民的貝塚歷史。

元

中央印製廠

劍潭與圓山，四周的景色雖已無昔日秀麗，但仍是台北市難能可貴的休閒地區與遊樂園地；這一帶的風景線，名聞全台，今日如是，以前亦然。以地緣和史緣觀之，劍潭與圓山應該被視為大龍峒的延伸地，雖則，一度被劃歸於中山區而不屬於大同區。

清同治年間，《淡水廳志》編撰完成，曾列了淡水廳風景最佳的八個地方，稱為「北淡八景」。「劍潭幻影」名列其中，其他七景分為「滬口飛輪」、「關渡劃流」、「鷄嶼晴雪」、「香山觀海」、「鳳崎晚霞」、「隙溪吐墨」、「指峯凌霄」。

劍潭依一八七一年（同治十年）纂修的《淡水廳志》所記是：「深數十丈，澄澈可鑑。」潭名何來？傳說紛紜，刀光不見渲染，但是劍影卻被說得有聲有色，而且源遠流長；民間盛傳的故事與國姓爺朱（鄭）成功，開台拓土有關，那是典型古早、古早以前的神話：

國姓爺驅走荷蘭人，繼續揮軍北征，有一天，來到劍潭南畔，欲渡河時，忽然狂風大作，白浪滔天，部隊無法上舟，國姓爺聞報係千年魚精興波作浪，怒不可遏，趕往潭邊，抽出腰中佩劍，擲投潭心，射殺水怪，立即風浪平靜，軍隊始安然渡過。

國姓爺擲劍的神話外，又有墜劍的說法，是說鄭成功在北部為平定生番之亂，渡潭時不小心將劍掉落潭底中。由於擲劍的故事，顯然比較豪情萬丈，所以墜劍故事，口碑就遠遜於擲劍。當然，這是當時父老們反清復明的心理太強烈了，所以將國姓爺神格化，而繪聲繪影些故事，來襯托國姓爺實非凡人。其實，國姓爺驅荷復台，在台南規劃生聚教訓就夠忙了，況且不久就因病去世，根本沒有到過中北部來。

這一段的傳奇神話，還有個結尾呢：

國姓爺的寶劍，沉入潭中，並不是就此無聲無影，每到風雨交加或沒有月光的夜晚，潭底的寶劍就射出了光芒，使潭面亮如明鏡，沒有多久，一道一道的紅光閃閃出現，顯然是劍浮潭面，來往船隻如有不小心，從劍上駛過，即被削成兩半。因此，除非把劍給撈了上來，否則沒有辦法破除禍害。

但是，取劍出潭，只有一個辦法，那就是要用粗糠（稻穀）做成繩子才能將劍給釣了上來，因此，大家給難住了。粗糠脆弱而粒小，如何製繩？有一個人，靈機一動，想了個妙計，他先將麥芽飴膏，搓成一條繩子，然後放在粗糠上面絞轉，使繩狀的麥芽飴膏繩黏滿了粗糠，於是他划船到潭心，將粗糠繩慢慢放入水中，不久有東西吃餌的情形，他趕忙拉了起來，寶劍果然上鉤了，當寶劍浮出潭面一半時，也許他太心急，也許惟恐劍又給弄掉了，竟伸出手去抓，就在要合掌那一剎那，竟然雷雨大作，那支寶劍又給沉了下去，眼看即將到手的，卻給弄丟了，他好不後悔。不過，以後那把寶劍卻從此再沒有顯靈作怪了。當然，故事如沒有這個傳奇性的休止符，今天，大家可能不會死心，一定會擠到圓山的基隆河畔，找找劍潭遺址，等待寶劍浮潭的奇蹟了。

其實，劍潭的劍緣，見之史料，竟然和國姓爺毫無關係，而是和荷蘭人有關；一七六四年（乾隆二十九年）《續修台灣府志》所引台廈分巡道所撰《台灣志略》一節有記：

「劍潭在北淡大浪泵社二里許，番划艋舺（即獨木舟）以入，水甚濶，有樹名茄苳，高聳障天，大可數抱，崎於潭岸。相傳荷蘭人插劍於樹，生皮合劍在其內，因以為名。」

除了荷蘭人插劍於茄苳樹的說法外，還有《淡水廳志》所記「荷人遺劍」的故事：

「……每黑夜或風雨時，輒有紅光燭天，相傳：底有荷人古劍，故氣上騰也。」

山麓古剎，傳說軼聞

劍潭北畔的劍潭山山腰昔有劍潭古剎，此剎在明鄭時代，是為一間茅廬，奉祀觀音佛祖，至一七一七年（康熙五十六年），附近住民集資建一小寺，曰「西方寶剎」。《續修台灣府志》則稱之為「觀音寺」，據一八四四年（道光二十四年）該寺重修碑記所云：

「有僧華榮者，奉大士雲遊至此，露宿古樹下。時未有村社，山多古樹，質時之雞籠，甫跋涉，即有紅蛇當道，異甚，以筊卜，得建福地，構茅剎卓錫其中。後以大士示夢：凌晨有八舟自滬（滬尾，淡水也）之籠（雞籠，基隆也）可募化，僧如言，果驗。因而靈聲四播，聞者爭樂赴功而廟成。」

榮華法師在往基隆道上，遇紅蛇擋路，又得南海普陀山觀音大士示夢，這自是建廟的一般說詞，至於他是否從八艘船主募得建廟基金，當年名聞全台的劍潭古寺的第一筆經費是否因此而來，實在也沒有考據的必要了。

劍潭寺的聊齋誌異

劍潭寺的右側山坳，墳墓纍纍，是一座年久荒蕪的亂葬崗，因之也免不了有鬼故事被人傳說。有一位考生，名叫倚雲生，寄讀廟中，一個皓月懸空的晚上，他想賞月怡心，乃暫合書本，步入廟埕，此時四顧寂寥，寒風輕送，雖有孤單之感，但也自覺有明月清風相伴之趣，正陶陶然忘我之際，忽有一陣淒婉吟詩聲，劃破靜寂：

新愁綠怨送春歸，徒倚無聊幾夕暉；
十載光陰如一夢，遊魂時逐落花飛。

倚雲生好生奇怪，居然荒僻古剎，又時值夜半，會有此踏月吟詩的女子，乃趨前想問她個究竟，這位玄裳縞衣的女子被腳步聲所驚動，慌忙走避，倚雲生當然緊步急追，追至潭岸，竟無身影，真是不寒而慄，立刻返回齋舍，愈想愈害怕。第二天，將昨夜情景告訴住持，才得知十年前，有一位曾在淡水廳當過師爺的讀書人，因官場失意又有病在身，與他的獨女住在廟中，擬待身體好些再圖返鄉，平日教其女兒吟詩作對，這位讀書人因沉痾難癒，不幸客死異鄉，女兒無力扶柩還鄉，哀痛而亡，死後當地人將其父女埋葬於廟後，每值月夜，常見陰魂夜吟的現象。

這一類附會的鬼故事，可是昔日夏夜裏大人們最愛在大埕、亭仔腳（騎樓）說給小孩們聽的講古題材，由於事出劍潭古剎，所以也姑妄言之。

遷建後的劍潭寺，香火不盛，想是風水不佳之故吧！

劍潭筊聲，失音絕響

有兩句台灣的諺語典出於劍潭古剎：「劍潭龜聽筊（音：杯）聲」、「劍潭龜聽鵠」，是說動物很機靈的意思；筊、鵠為禮佛的用具，筊是「神杯」，即卜吉凶用的筶筊；鵠是木魚，和尚誦經的打擊樂器。劍潭古剎，廟前有一座很大的放生池，善男信女放養了無數的大小烏龜在池中，信徒每次人參拜完畢，便將拜拜用的糕餅，散成一塊一塊，抛入池中，引來烏龜爭食，日子一久，這些烏龜在聽到擲筶筊聲時，知道拜拜將完了，就游到池中，伸長脖子等吃了，樣子十分可愛。

「劍潭龜聽鵠」則是說，和尚每天做完晨課，就開始餵龜，所以木魚聲將結束時，劍潭龜也懂得抬頭待食了。

一九二六年，日人迫劍潭古剎遷廟；該寺自被遷建於大直北勢湖山麓後，就一蹶不振了，後來日人認為台灣神社（今圓山大飯店舊址）不夠大，欲將之升格為台灣神宮，而將原址整建了一座花園，稱為神宮外苑。戰後，有人向政府申請將劍潭寺遷回原址，但是未蒙獲准。

台灣神宮在現在的忠烈祠西邊，盟機轟炸台北時，中彈被毀；台灣神宮新建神殿在日人投降前一年（一九四四年）十月二十三日，有一架日本客機失事，撞毀在神宮，當時的這項徵兆，使台灣人相信日本帝國是一定會戰敗的。

圓山貝塚，砥石留跡

《淡水廳志》卷十三〈古蹟考〉：「八卦潭與劍潭相接，亦名石壁潭，側有巨石，將旱將雨，石罅俱格格作聲，或名為雞鳴石，又曰兩儀石。」八卦潭可能太近劍潭，被人與劍潭混為一體，而不為人注意，倒是陳維英的詩中有所提及。八卦潭南畔，有座小丘名叫圓山仔（即圓山動物園舊址），從前稱為龍峒山，此處即為大龍峒地理上的龍頭。

圓山仔的圓山貝塚和大砥石，是台北所發現的最重要先民遺跡與遺物址，乃考古學上重要的資料。據考古學家劉益昌說：「台灣史前史可以說是了解太平洋遠古史的一個起點。台北市的圓山遺址是了解台灣史前文化史最重要的關鍵遺址之一。」

台北盆地往昔是海水進出的大湖沼，先住居民形成部落聚居在湖沼的小島上——如圓山、芝山岩等地，被發掘的古物，可證明先住民的活動範圍。圓山貝塚的貝層有兩處，一是在圓山西南部斜面，略與北淡鐵路平行之處；另一處在圓山北側，靠基隆河的西下方；日治時代，曾明定兩處為史蹟。

貝層以一種大型蜆為主而形成；並有鹽水貝、蛤、蠔等海棲類，羼雜其間；另有大量的玉器、石器、陶器和鹿角、鹿骨等加工物出土，證明當時的先住民以這些貝殼、魚類、獸類為食外，並利用其殼、骨和石、玉器做成日常用具和裝飾用品；石器有石斧、石鏃、石鑿、礪石等等，陶器以淡赭色或淡赤

土色居多，雖大部分沒有紋樣，但也發現有網目紋和籠目紋。

圓山文化涵蓋多個地區，係日本學者伊能嘉矩所發現，後經鳥居龍藏、宮原敦、鹿野忠雄、金關丈夫博士等繼續研究，而有此成績。

圓山貝塚曾遭人盜掘，才再引人注意，我們希望「圓山文化」不應僅是考古學上的討論題材，而是每一個關心台灣文化的人，都要知道的史蹟。從圓山貝塚的遺物，告訴我們，數千年前即有人類在「台北」的地方生活著。

貝塚時期的先民，所用的砥石，於一九一八年被掘出，發現者是「台北醫學專門學校」教授宮原敦，當時座落於圓山的佛教寺院臨濟護國寺，因動工擴充院址，在削平南面斜坡時，在地下約一公尺半的地方，發現了這塊面積約四九五平方公尺、高九〇至一二五公分糊質砂岩的大砥石。

砥石即是磨刀石，先民靠著這方砥石，磨琢石器、骨器，因此表面布滿了大小不同的凹凸面，宮原敦為謀保存這塊破紀錄的巨大砥石，呼籲當局妥為保存，但是當局限於經費預算，而遲遲未決，後來，宮原敦得到他的姑媽兩千多元遺產，乃決定捐出作為保存砥石的基金。

一九二二年，營建了一座鋼筋水泥的護亭，以保護大砥石；一九二六年，宮原和臨濟寺將之獻給市政府，以為公有物。

圓山大砥石而今下落不明，台北市文獻委員會所塑的兩塊文字說明石碑，只是聊備一格的裝飾物，目前一塊刻著「無住生心」四個大字的巨石，被認為是大砥石，恐是一個「玩笑」而已。

臨濟護國禪寺，位於「中山一號公園」，鄰近的圓山貝塚，和砥石悠久的年代，讓它顯得「年輕」多了，其實禪寺從第四任台灣總督兒玉源太郎倡創的，依日本禪宗建築型式設計，並完成伽藍之建築，今景觀已大異其趣，庭園也消失殆盡。

圓山全景與臨濟護國禪寺。

台北老街

第九章

中山北路前段風情錄

在盆地仍是水田處處的時代，中山北路曾是繁華的象徵，稱呼它為宮前町的時刻，寫著五條通的風花雪月；改稱圓山以後，註記了戰後一代孩童的歡聲笑語，而後，點綴著美術氣息，成為新世紀的台北人遊憩之所。

中央印製廠

台北市還沒有向東區發展前，「中山北路一、二段」是全台首善商業之區；此區觀光飯店、藝品店、金融機構、貿易公司大樓櫛比的時候，東區還是水田漠漠。而今，現代化高樓的數目，中山北路遠落於東區之後，而且也缺少大型百貨公司、電影院，但是光彩雖褪色，自有其「風貌」在；這條大道，仍睥睨台北市其他街道。

昔日的中山區，地約當劍潭山之南，縱貫鐵路之北、北淡鐵路之東，松山機場之西；境內有海拔三十五點六公尺的圓山、海拔一五三公尺的劍潭山等岡阜，基隆河部分流域也經過區境。

繁榮象徵，昔為塘埔

中山北路前段，曾是台北市最現代化的一條「觀光大道」，也有「外交大道」之稱，來訪的國賓於松山機場下機後，由南京東路轉入中山北路，住進圓山大飯店。

南起忠孝東路口復興橋，跨縱貫線鐵路，北接中山橋，臨基隆河，是計分七段，全長八、五三〇公尺的中山北路「精華區」。

中山北路街景。

一九三八年的台北市役所，相當於今日的台北市政府。

台北市道路，在戰後是以「中山南路」為經線，凡道路橫貫中山南北路者，以東稱東路，以西稱西路。有椰林大道之稱的中山南路，原為台北城東畔，沿線都是機關學校用地，屬舊城中區，從景福門起算有台大醫學院、濟南教會、教育部、立法院、監察院等建築。而中山北路過了「起點」——行政院，越縱貫鐵路後，便是繁榮的商業區了，然後一直迤邐到民族路口。

行政院大廈是大同公司的前身「協志商號」所承建的，於一九三七年八月興工，一九四〇年十二月竣工，歷三年四個月。這座基地總面積七千四百四十一坪的四樓建築，日治時代是「台北市役所」（台北市政府）。

戰後，充當台灣省行政長官公署，循為台

灣省政府辦公大樓，省府疏遷至南投中興新村，原在總統府「上班」的行政院才駐進辦公。

從前，中山北路兩側，塘埔縱橫，良田阡陌；日治後，於一九〇一年建「台灣神社」，為便利日本皇族及特使參拜，乃開闢「勅使街道」，寬為十五公尺，當時仍有雙連埤橫阻於今馬偕醫院附近。

一九三六年，「勅使街道」開始拓寬為寬四十公尺；這條長三千零九十公尺，花費一百六十五萬餘日元設五線道路的「大道」，於一九四〇年三月竣工。兩旁各設二點五公尺的綠島，植有樟樹，人行道則種楓樹，是台北市當時最完備的道路；戰後，這條首善的道路，被改稱為中山北路。

中山北路原有縱貫鐵路之隔，每當火車要通過時，平交道遮柵放下，人車為之阻塞；一九五四年，始以新台幣四百零五萬元的經費，完成一座長三百七十三公尺的陸橋，時人稱為「天橋」，正式橋名稱「復興橋」。

復興路橋下，北平西路路口處有「國父史蹟紀念館」；為日治時代的「梅屋敷」，乃孫中山第二次蒞台時，所居住的旅舍；位置因鐵路地下化的施工，稍有移動；從前它是在救國團的「青年服務社」之內。

讓車輛「升空」和讓行人「入地」，以免交通受阻，主要的原因，是當年蔣中正總統上班，車隊必走中山北路，從士林官邸到中山北路，不容有阻礙；圓山的人行地下道，會規劃、挖鑿得較其他街道還來得早，原因也是在此，這些「升空入地」，讓出幹道，讓「總統優先」而行的「市政建設」，均出自黨外市長高玉樹的任內。

五條通其來有自

從這座稱為「復興橋」的路橋北端而下，便是長安西路；東段及它的北側，俗稱：「五條通」；日治大正時期，這裏是日籍達官貴人的居住地，中山區成為高級住宅區，是以這裏開始的。五條巷道，條條相通，從前都是日式的平房建築，每戶前庭後院種有檳榔、椰子、棕櫚、緬甸合歡或尤加利樹，顯得十分幽靜。由於建物、環境相似，走進了這裏的巷弄，如入迷宮。

橋上の展望
TAINOKU
TAINOKU BRIDGE, TAINOKU.
臺北・臺北橋
淡水河に架せる臺北橋は臺北第一の道路橋で、北基隆から南高雄に通ずる縱貫道路にして交通頻繁を極め又橋上から見る大稻埕の夜景は美しい。

台北橋上的攤販一景。

「五條通」的西南，是中山市場，這座市場從前叫照安市場，照安應是詔安的訛音，因為這個地方，從前叫做詔安厝，在多數泉州人的居處中有少數漳州府詔安縣的人，居住在此。

往前行，縱向的大道是南京東、西路；這條戰後開闢的大幹道，是通往松山機場（以前是國際機場）和麥克阿瑟公路（北基高速公路）的交通大動脈，也是奠定台北東區發展的通衢。

站在中山北路的南京東路口，可以遙望著名的大稻埕圓環；這個十字路口的西面，是所謂的第一及第二邱大樓；乃從前「台獨」的領袖之一和名震日本的「賺錢學」專家邱永漢投資所建，他放棄台獨運動，「歸順」返台後，展現了多金的身段，這是「回饋」故鄉的諸多硬體建設之一；邱永漢從前還是文學少年呢！

南京東路、林森北路一帶，昔稱「三板橋」，乃因人們利用三塊木板搭橋，跨過原有的一條大水溝。橋的對岸，是日本人的墳場，民權東路殯儀館還未建造為喪家服務前，這裏的殯儀館，是台北市像樣的送葬處，從前有一句罵人的話：「到三板橋」，意思就是走到「奈何橋」。胡適博士去世，就是在此成殮發喪；舊日的葬儀場，成了今日的林森公園，園內岳飛銅像的基座，昔日為某人的故地，我們可不必去知道了。

一片水田的南京東路，今日券商號子和地下金融機構、期貨集團密集，尤以三段附近為冠，享有「台

THE OFFICIAL RESIDENCE OF THE GOVERMENT OF FORMOSA.

THE TAIHOKU BRIDGE OVER THE TANSUI RIVER.
（臺北）淡水河に架る臺北橋正面

連結淡水河兩岸的台北橋

連結淡水河兩岸的台北橋

灣華爾街」之稱；滾動的錢財比昔日的稻穗還多，真是不能「同日而語」。

回到中山北路，往前直走，再過去一點，便到了長春路口，東北隅是彰化銀行大樓；日治時代，此處是「養神院」，為私立精神治療病院，後來遷至松山，戰後改為台北婦科醫院。隔沒多遠便是國賓大飯店。這座「國際級」的觀光旅館是前台北市改制前第一位市長、台灣省省議會議長黃朝琴所創設；原址曾被規劃蓋一座劉銘傳紀念館，用來紀念這位在台灣進行「新政」的第一任台灣巡撫，可惜沒有實現。

過了民生路，便是雙連埤，雙連埤或寫作「雙連陂」，指兩座埤池，《淡水廳志》云：「雙連陂，在大加蠟堡，距廳北一百二十里，屬九板橋下。兩陂相連，灌溉田一百餘甲。」

北淡鐵路的雙連站，即是因此池塘而得名，它是大稻埕南北貨的轉運站，當年由廈門、上海、福州等地來台的船隻，裝載著紹興酒、五加皮酒、布匹、紅棗、火柴……等，小船直駛淡水河在台北橋一帶卸貨，大船則停靠淡水港卸貨，利用火車載運至雙連站，再由手拉車轉運大稻埕批發市場，當時此地即有店鋪，因此雙連是「中山區」的商業發源地。

南北二埤相連的雙連埤，從前有人養殖鰱魚、鯉魚，因為有人濫捕，才被填平；北淡鐵路廢棄後，雙連成為捷運系統的一個轉運站。

西北隅的馬偕紀念醫院，是一九一二年十二月二十六日落成的老醫院，有人以為這所綜合醫院是台灣北部第一位宣教士馬偕所創立。其實不然，馬偕初抵淡水傳教，他接受了美國底特律一位夫人捐贈的美金三千元之後，以她逝世不久的丈夫馬偕船長為名，在淡水建造了「滬尾偕醫館」，這所醫院於馬偕博士蒙主召歸後，關閉了五年之久，一九〇六年，宋雅各醫師將「偕醫館」重新開張，然後建議在台北的雙連購地，建造一所更大型的現代化醫院，乃有此惠及無數病患的馬偕醫院。

東側有雙連長老教會，是北部很有名氣的基督教會。跨越錦州街便是台灣水泥公司，這座辦公大樓，以前是台灣神學院的舊址。

今中山北路二段一一二號（日治時代宮前町九十番地），是中華民國總領事館。一九三一年，中華民國政府派了林紹南擔任駐台總領事，來到日本的殖民地——台灣「視事」。

中華民國退出聯合國之前，外交還挺風光的；中山北路也成了各國大使館的集中地，這也是中山北路形成了異國情調的原因之一。

美國人打韓戰、打越戰，美軍顧問團進進出出的「凸鼻仔」（老美）更加頻繁，尤其是越戰期間，美軍僥倖不死在戰場的，來台五日假期中，第一站便選擇了中山北路，造成了鄰近巷內酒吧林立，妖豔的吧女出入，成了台北市的胭脂巷。

工廠重地牛埔庄

中山北路跨越民權東、西路後，今日人潮擁擠的晴光市場一帶，日治時代稱為「宮前町」，意思是位於「台灣神社（宮）」前方的意思；更早之前這裏稱為「牛埔庄」，俗稱牛埔仔，係以牛群放牧之荒埔為名，那時還有一片墓園在此。日治時代，這裏工廠達數十家之多，是台北數一數二的工業區。重要工廠有一九一五年成立的生智鐵工所、一九一八年成立的台北鐵工所、共成鐵工所……等等；今天大同公司，便是一九三九年林煶灶（尚志）在這裏創下基業，以前「大同」是承攬土木工程建築為主的工程公司，稱為「協志商號」。

農安街口，十四層高樓的滙豐大樓，是黃純青的故居——「晴園」，以「三朝野老」自居的黃純青，是名詩人，晚年主持台灣修志工作，為台灣文獻盡不少心力。

大同公司的南側，昔日是劉姓的聚落，地名稱為：「下劉」，因為較其他劉姓人家，居處位於更下方的關係。

圓山運動場

經過大同公司和大同工學院，在民族西路口，今北區海霸王餐廳，從前是美軍駐台時期的熱門飯店——「樂馬飯店」後，過了這棟大樓再無櫛比林立的高樓建築了，而是「圓山風景線」的開端。

走過民族路口，便是台北市專用足球場，它是日治時代的圓山運動場，面積廣達二萬一千六百餘坪，是昭和日皇在太子時代蒞台時，當局藉機興建。一九二八年一月廿四日開工，三月底落成，共耗費了九萬八千餘圓，是全台灣學校聯合運動會的使用場地，觀覽席可容納三千五百人。有四百米圓周的田徑跑道和四個網球場。那時有一首學童們都琅琅上口的童謠，即是以這座運動場為題目。

「一二三，王先生；賢（方言俗字有作『爻』）做田，拖手車，戴草笠，圓山仔運動會。」這座當時全台最大的體育場地，戰時被改為陸軍醫院，五〇年代，美軍第七艦隊協防台灣，成了美軍顧問團的用地，直到中美斷交，美軍撤退，才被空了出來，而得恢復為體育場。

足球場朝北近圓山處，為中日斷交前的日本大使館，不僅建築優美，庭園設計也十分考究，只是而今館毀庭廢。

1. 五〇年代的中山北路。
2. 圓山運動場。

1 2	

走離民族西路，在東側樹蔭遮掩的人行道上，有一座聖多福天主堂，這座不顯眼的宗教建築，多看幾眼，有淨心脫俗的感覺。

離開了市廛，走進了偎山傍水之地，便是圓山了。

圓山動物園

圓山，舊志稱龍峒山，以山形似倒蓋的圓簞得名，因臨基隆河，有清時代，大龍峒士紳陳維英在此築「太古巢」，是林幽境清，巖石嶙峋之地。《台灣通史》的作者連雅堂曾有詩云：「作史評詩且得閒。春光催我上圓山。」足見此處風景的秀麗。

圓山名聞全台，是因為有「圓山動物園」的緣故，而今廢園，遷至木柵，眼見動物已去，柵欄成空，令人懷思。

日治時期的圓山動物園及遊園地。

圓山動物園奠基於一九一四年，原為一位日本人大江氏獨資所創建，是小型的私設動物園，一九一五年五月，台北廳收為官營，充實設備，始稱：「圓山動物園」，一九二〇年，台北施行市制，翌年（一九二一年），將之移交台北市役所（市政府）接管，改稱為台北市動物園，但是民間仍慣以「圓山動物園」稱之。

圓山動物園的總面積為一萬三千七百四十五坪，飼養過不少奇珍獸類，但它在日治時代是以搜羅熱帶及亞熱帶的毒蛇著稱。戰時，台北市遭盟軍轟炸，園方為恐猛獸走散噬人，將猩猩、獅、虎、巨蟒……等電斃，製成標本，這些動物遺骸，我們以前可以在標本室看到。

市政府決定遷建動物園於木柵前，筆者曾有不要輕易廢園之建議，圓山動物園七十幾年的歷史，得來不易，應該改為「圓山台灣動物園」，成為收養、研究、繁殖台灣本土動物的中心，甚至如日本奈良一樣，將梅花鹿「生態放牧」，和遊客打成一片，培養民眾愛護動物之心，惜乎，這個呼聲微弱，「圓山動物園」已成歷史名詞了。

圓山貝塚，是史前先民生活遺跡，日本人曾列為「史蹟」保護，而今因盜採，和建闢遊樂園之議，「存亡」問題成了學界爭論議題，想市政府會有周全的計劃，不會再讓貝塚「埋葬」在歷史深淵裏吧！

圓山以前還有一座筆塚，那是在動物園北面臨河的小山丘上，為台灣日日新報社所建，石碑所刻「筆塚」二字，每字大約徑尺，這座和「惜字亭」映輝，勸人珍惜筆紙，頗饒意義。碑高四尺六寸，橫約二尺的碑座，可惜於戰後被毀。

動物園北面坡道下，基隆河南岸是兒童樂園；這裏以前是八卦潭，《淡水廳志》有記：「八卦潭與劍潭相接，亦名石壁潭。潭側有巨石，將旱將雨，石罅俱格格作聲，或名雞鳴石，又曰兩儀石。」

圓山動物園的對面，原台北市第二號公園預定地，戰後是一個小馬場，商人招徠動物園的小遊客來此，騎馬過過癮。一九八〇年動工興建台北市立美術館，占地六千兩百坪，以四合院立體化，具交疊迴繞趣味的美術館於一九八三年十二月二十四日完工啟用，再為圓山風景線添一勝景。

別莊故事，茶香話題

台北市美術館的北邊，將臨近基隆河畔有一間典雅靈巧的西歐都鐸式建築，稱為「圓山別莊」，原係日治時代大稻

一九三四年宮本延人所拍攝「圓山全景」；右邊可見臨濟寺一角，中間偏左的是地藏庵靈骨塔。而今那一片水稻田已是車水馬龍的中山北路。

埕茶商陳朝駿在一九一三年聘英籍建築師設計興建，戰後，歸台籍將領前立法院院長黃國書所有，一九七九年，美術館予以徵購，一九九〇年七月十五日，開放為「藝術家聯誼中心」。

古蹟活化成「台北故事館」的圓山別莊，創建年代是一九一四年，建築的後院就在改道前的基隆河畔，屋主陳朝駿當年前往別莊度假或宴客，據說是捨陸路而擇水道，他不與日本人在敕使道（今中山北路）「相逢」，而是從朝陽街（今民生西路）進第十一號水門，搭船前往。

大稻埕茶商陳朝駿在茶香歲月鼎盛前代，以這棟都鐸式建築建造此雅舍，顯見其生活品味的高尚。

圓山別莊曾淪為日本憲兵駐所、前立法院院長黃國書官舍、台北市美術館「藝術家之家」及販賣部，故事曲折。

太古巢的傳奇

《淡水廳志》載太古巢為：「在劍潭前，圓山仔頂，陳維英建。」其地點後人考證為在「圓山之東畔，基隆河之西畔。」今台北市文獻會在中山北路中山橋之南、兒童樂園前側立碑，太古巢舊跡即在附近。

太古巢是陳維英晚年的別墅，他早年另有一間，係構建在獅子巖，齋名「棲野巢」。一般別墅，均題之為園，何以陳老師偏愛取巢，這是有其原因的。據說：陳維英出生的時候，有一隻白燕飛在他家裡的堂上迴旋，而後悠悠然輕快地飛去，想是他懷想白燕與他有此之緣，因而以巢來為別莊命名。至於民間傳說他是白燕投胎轉世，以及在他去世的時候，那隻白燕再飛來盤旋，隨之墜死，自是無稽之談了。

太古巢倚山臨水，風景綺麗；連雅堂曾於一九二〇年攜眷遊此，曾詠七絕十二首，有「此間山水足嶔奇，石老林深位置宜。」之句。

太古巢在今日是中山區通往大直、內湖以及士林、石牌的要衝，而且變成了遊樂場所，喧嘩車聲、人聲，幾無寧靜時刻；我們僅能從陳維英的詩作，去追尋往昔空靈氣氛：

晴朝月夜最開懷，
風雨來時景亦佳；
竹戛琅玕泉漱玉，
梵音一洗古音諧。

晴月、風雨下竹聲、泉響、梵音，對他這種傾羨林泉情趣的人而言，不僅開懷，而且又有生趣。

月臨此地倍生姿，山靜水澄人醉時；
明月也耽山水趣，既斜欲落故遲遲。

不請自來的明月，不僅打扮得姿態萬千，來此赴會，而且也留戀此處勝境，不肯墜回。

隔一重江佛國開，劍潭寺隱碧林隈；
山僧日日通音問，故送鐘聲渡水來。

琅琅梵唱，鏜鏜鐘聲，此情此境，自然令人心曠神怡，洗去一切凡塵。

從明治橋到中山橋

中山北路的「前段」，過圓山後，須渡越基隆河，始通往「郊區」，一九一四年，河上曾建有一座規模不大的鐵架吊橋，是通往士林、大直、陽明山、淡水等地的通衢，因無法承受日漸頻繁的交通負荷，一九三〇年，開始施工改建為鋼筋水泥固定拱型橋，歷時三年，始於一九三三年三月才告完工，橋長一百二十公尺，寬十七公尺，以磨光花崗石砌成高欄，配置青銅路燈，是典型日本風味的橋樑，其典雅、秀麗的外觀，可以說是當時全台橋樑之冠；此座橋樑當時命名為「明治橋」，是通往「台灣神宮」的「前站」。神社是奉祀征台皇族北白川宮能久親王的「神宮」。日本投降後，此奉祀日本「鬼神」的所在，自然被拆除，「神宮」的「鳥居」（石坊）以及各種石材，由畫家李梅樹廉價買得，遷至三峽，成了祖師廟的龍柱、建材。

「明治橋」戰後改名為「中山橋」；「神宮」原址改建成美侖美奐，號稱世界十大觀光旅館之一的宮殿式圓山大飯店。

士林、大直、內湖日益發展，中山橋為配合交通流量，兩側加以拓寬，具有特色的欄杆、路燈具被拆去，橋樑之美盡失，十分可惜。

中山北路前段的訪今探古，可以窺望台北市發展的部分情形，令人思懷古幽情；道路是交通的血脈，但也是喚起「鄉情血緣」的大路，您願放慢腳步，做一次尋古的探訪嗎？

台北老街

第十章

林園之勝，穀倉古亭

沿著瑠公圳，過去有過杜鵑繽紛；也沿著這條台北的重要灌溉渠道，可以看到舊穀倉留下的遺跡。當金黃色的稻禾轉成四季鮮綠的椰林，保有林園之美的古亭，也漸漸成為文教聚集之地。

中央印製廠

有「台北市文教中心」之稱的舊古亭區，面積為六點六六三三平方公里，位於台北市西南部，新店溪北岸地區；本區面積雖不大，但因有台灣大學、建國高中、國立編譯館、南海學園，以及植物園、青年公園等設施，所以對囂塵瀰漫的台北市來說，算是較為寧靜、安謐的行政區。

古亭區的命名，來自境內舊地名「古亭莊」，古亭莊涵括現在古亭區的大部分和城中區、大安區的一部分。據說，明鄭時已有泉人周阿戶（一說周賢明兄弟）拓墾。

古亭莊地名的由來，有說是源自「鼓亭」，因為鼓與古同音，當時，新店溪上游屈尺方面的「泰雅族」，常常偷襲莊民，大家為防禦凶悍的「番人」，建造一座鼓亭，見有番人來襲時，擂鼓示警，以聚合莊民聯合對抗，以後，雖漢番和平相處，但同治年間，盜匪橫起，鼓亭示警的作用仍在。鼓亭設於何處，今已不可考了。古亭之名，源於鼓亭，可信度多少，不得而知。

另一種較可信說法是，先人移民墾殖，建造眾多古亭笨於此。古亭笨就是穀倉，上蓋如斗笠狀，外觀是圓型，以竹編壁，塗以泥土石灰；《淡水廳志》有內湖陂「灌溉大加臘西畔古亭倉」的記載，此「古亭倉」當必是「古亭笨」而名。

古亭是「城內」通往景尾街（景美）、木柵莊的必經之地，而且開發甚早，但是人口不多，從以前「人多必然廟多」的必然現象來衡量，整個古亭莊在有清時代，僅有寶藏巖、仙宮廟兩座廟宇，可以證之。

由於古亭是一片田野，而且離「城內」極近，第四任總督兒玉源太郎於一八九九年在此建有別業，名曰：「南菜園」；這座別墅落成時，兒玉曾邀約全島詩人一遊，藉以懷柔人心，當時曾將吟詠所得，編成：《南菜園唱和集》，這位統治台灣的日本武夫，也有詩作：

古亭莊外結茅廬，畢竟情疏景亦疏；
雨讀晴耕如野客，三畦蔬菜一牀書。

第五任台灣總督佐久間佐馬太的官邸，也位於今牯嶺街和南海路交叉郵政博物館附近；不僅二代總督的家居生活設在古亭，不少日本高官貴人宿舍也設在此區，如當時「台灣第一位博士」杜聰明，他的宿舍即在今福州街郵政醫院旁；難怪，會隔離市廛。

戰後，「南菜園」曾是謝東閔的宿舍。

南海學園。

植物園前身為台北苗圃。

1	2 3

研究林業，建置林園

古亭區的植物園，是台北名勝之一，但不若動物園、二二八紀念公園遊人如織，可能是大家認為此乃學術研究機關的關係。

植物園是日本人治台的第二年（一八九六年）就創建的；初名「台北苗圃」，一九一一年改稱「林業試驗地」，從事培植種子、幼苗，一九二一年再升格編制為「中央研究所林業部」；十八年後（一九三九年），取稱「台灣總督府林業試驗所植物園」，簡稱植物園，這是今日名稱的由來。

植物園面積約五萬二千坪，面積雖不算廣，但在市區內有此建置，也算難能可貴。植物園的土地，部分是以前艋舺大貿易商之一何家所有，日本政府徵收這塊土地時，何家雖答應土地轉讓，但一座祖

THE OFFICIAL RESIDENCE OF THE GOVERMENT OF FORMO

(50) PLANTATION. TAIHOKU 臺灣臺北苗圃

日治時期台北商品陳列館，今歷史博物館。

墳，堅持不遷徙，日本人也沒有強令拆毀，所以荷池之畔有碑道：「好德故考炳南何府君佳城」的古墓一座。

奇樹異草、珍卉怪果遍布的植物園，不僅鳥語聲喧，而且有荷塘幽勝；園內曾有一座「亦亭」，所懸的楹聯雖字句平實，但是道盡植物園的怡人之處：

知己二三人，日遊亦可，夜遊亦可；

假我一兩屐，風到亭來，月到亭來。

南海學園，添增園勝

「人們所以不遺忘植物園，是因為有南海學園的緣故」，這句話實在並不虛假；因為已沒有多少人會為了尋幽探勝，來植物園一遊，多數是因為參觀歷史博物館、台灣科學館、藝術館，而順道一遊；沒有南海學園，相信植物園是會很寂寞的。

植物園在日治時代的幾棟建築物是建功神社與商品陳列館、武德殿（設有柔道部、劍道部、馬術部及網球場）等。建功神社建造於一九二八年，是祭祀「領台」因公戰死、殉難的日本人廟宇，日本人走後，一度充當「台灣省國語推行委員會」會址，以及國語日報社社址。一九五四年八月，遷台的中央圖書館在此復館，建築物因不敷該館庋藏豐富圖書文典的存放，於一九六三年完成就地改建。後來，中央圖書館遷館於中山南路，而今更遷往新北市中和的嶄新大樓。

歷史博物館就是日治時代的商品陳列館，戰後曾一度充當林務局員工宿舍，後收歸籌建「歷史文物館」，於一九五五年十二月四日開辦，第二年三月正式對外開放。創館之初，僅是木造建築，館藏文物主要係前河南省立博物館舊藏和日本歸還戰時所強奪之中原文物，對館中豐富的收藏來說，這座原以陳列商品的展覽館，顯得十分狹隘；記得，有一年一艘觀光豪華輪，帶了一批外國觀光客來此參觀，一位美國老太太就有感而發說：「收藏的古物，其歷史價值和精美造型，無話可說，只是一間號稱國立博物館，面積還比不上其老家所住的田莊，不免顯得寒酸了些。」當然並不是這個外國老太太的這句話，使當局決定擴建歷史博物館，因為從此以後，博物館多方蒐集徵購，至於善士捐贈也愈來愈多，參觀的民眾更一再增加，於是一九五八年至一九六二年間，先後增建所謂國家畫廊、以及古物陳列室；更在一九七五年改建成中國傳統式建築，而成為今日雕樑畫棟的面貌。

筆者就讀建國中學初中部時，適值植物園在大興土木的時候，因此我們曾戲稱植物園為「築屋園」。在植物園籌劃南海計劃的是當時的教育部長張其昀，他除了「舊物」利用，完成了中央圖書館、歷史博物館之外，還建造了國立台灣科學館、國立藝術館、國立教育資料館、獻堂館等建築物，使這號稱南海學園的文化中心，各個館雖規模不大，設計囿於表示中國傳統，也不算富於創意，但形式具備，說是「麻雀雖小，五臟俱全」，也不為過。只是，據說這些外觀尚稱宏偉的建物，幢幢都是違章建築，因為當初都沒有辦理合法的手續。

植物園因被侵占為建築用地，使其原有作為調查研究台灣林業的功能大為受損；因之，筆者認為南海學園的聲名，既已凌駕原有的植物園，而以今日科技研究環境視之，今日植物園的格局、規模都已不備矣，不妨保留原狀成為南海公園，而另在士林芝山岩或其他適妥地方，另闢一處廣大完善的新植物園，是想邁進現代化大都會的台北市，刻不容緩的必要建設之一。動物園都遷園了，留著一塊已不具為植物園要件的植物園，是沒有什麼必要的。

植物園內尚留有一間清時代的建築物，便是今日林業陳列所，那是當年的布政使衙門，日治時代因原地興建公會堂（即今中山堂），而將部分建物遷移園裏面，算是植物園的元老級房屋。

植物園邊臨今和平西路一帶，清代為荒埔，供作死囚的刑場，死刑犯經新起街（今長沙街二段）遊街示眾後，由西門押解至此，斬首正法，因此地名就稱之為：「刣（ㄊㄞ，殺也）人埔」，想不到林園之勝的植物園，還有此陰森森的地方！

文教中心，文人薈萃

日本人為開發城外，於一九〇一年開闢城南幹道，戰後，這條植物園前的道路，取名為：南海路。「南海學園」對面，是一幢紅樓，為市立建國高級中學，在未實施九年義務教育前，設有初中部，是省立中學。日治時代，此校為「台北州第一中學」，原只供日本人的子弟就讀，實施「日台共學」後，才有少數台灣學子得以進入此校；建國中學以一貫的優良傳統，成了台北市聯招的第一志願，和北一女齊名，諾貝爾物理獎得主丁肇中即該校畢業生。

建國高中的西側是國語實驗小學，校址乃一九三一年二月，日本人創設的「台北女子高等學院」，以前就讀本校的，不少是達官貴人的子女。

建中東面，隔著泉州街口是美國在台協會文化中心，這座壯觀的新式三層洋樓，是日治時代於一九三〇年所建的台灣教育會館，戰後，改成了台灣省臨時參議會，當年論政的省參議員，有好幾位在「二二八」事變中喪命。一九五七年五月「劉自然事件」發生時，原在中山堂前的美國新聞處被毀，此處被讓做該處新址。

美國新聞處所舉辦最轟動的一件活動，是洪通畫展，這位素人畫家的第一次展覽，配合美國人的文宣報導，使南海路車水馬龍，盛極一時。

日治時代，此校為「台北州第一中學」，現改為建國中學。

一九七八年，中美斷交，美國新聞處才改稱為美國在台協會文化中心。

建中的對面行政院農業發展委員會，這一幢並不起眼的大樓，以前稱為：「農業復興計劃委員會」，是美援的機構，由蔣夢麟博士領導，對戰後台灣農村耕作、生活的輔導，功不可沒，所推廣的「四健會」、「草根大使」等活動，仍為人津津樂道。

由於農復會出入以美國人為多，而且當年駐防美國的十三航空隊，也曾借用建國中學的教室為宿舍，所以南海路一度有外僑區之稱；南海路行道樹以蒲葵為主，葉大如扇，具有些異國風味。

練兵重地，青年遊園

古亭區還有一處公園綠地，便是面積三一〇、九四〇平方公尺的青年公園，這是僅次於大安森林公園的活動空間。青年公園在日治時代是「馬場町」的一部分，此地在有清年代，東半部隸屬崁頂莊，西半部分屬加蚋仔莊（目前老一輩還是以「崁頂」和「加蚋仔」稱呼這二個地方）。

一八五三年（咸豐三年），漳泉「頂下郊拚」械鬥的時候，同安人據崁頂，築造銃樓，據以眺望新店溪畔中和莊一帶漳州人動態，以防止攻擊，日後漳泉械鬥不再，因為這是械鬥的場所，所以到日治初期仍為寬廣草埔，日本人將之闢為練兵場，供作部隊、騎兵操練的場所。練兵場，本地人則稱之為「陸軍埔」，因為日本人以每年三月十日的日俄戰爭勝利日為「陸軍紀念日」，是日，都要在此舉行盛大慶祝會，駐紮台北市的陸軍及各校學生都聚集參加盛會，並表演節目。

二次大戰期間，日本政府將之開闢為南機場，今天，老台北市民還有以「南機場」來稱呼此地。

戰後，南機場的大部分被改建為高爾夫球場，一部分成為空軍眷村等用地；偌大一片綠地，僅供少數人揮桿活動筋骨，對寸土寸金的台北市而言，是土地資源利用上的一種浪費，一九七四年四月八日，台北市政府正式接管，次年，開始分三期施工，一九七七年十月，這座設計以提供青少年活動為主體的青年公園施工。園內除了以兒童、青少年為對象的遊樂設施外，花壇、綠籬、花鐘、噴泉、綠廊、曲橋、水池、亭榭、草坪、綠蔭等景觀設施，亦無一不備，所以雖名：「青年公園」，但其利用價值上，稱為大眾公園也不為過。此台北市的一大「都市之肺」，惜因川流不息的遊客，不能發揮公德心，而且各機關團體經常借出舉辦遊園活動，因此，經常有人滿為患，不能讓人有遊目騁懷的感覺，是美中不足之處。

中華路二段末端入口，一直延伸到長泰街，有一條半月型的街，是為克難街，今日這裏的大樓國民住宅群，使人不再有「難民營」想像了；國府遷台之初，心存「反共抗俄」的「忠貞人士」，在這裏搭蓋簡陋的竹屋、草棚安居，集亂髒陋之大成，在一九六〇年代之前，十足是個落後地區。街名：「克難」，不是建築的「克難」，而是居民以「克難精神」為念；國府匆促遷台，財經困難、物資拮困，為使大家「共體國艱」，發起了所謂「克難復國運動」，號召憑大腦及雙手發揮克難創造精神，每年還選拔「克難英雄」表揚一番。離鄉背井的「忠貞義胞」，落足此處，形成一條長街，請求命名「克難街」，以誌克難興家、克難復國；最後反攻回去的「國事」問題，沒有成功，在台定居的「房事」問題有了成果，克難街的「時代意義」，會不會被寫在歷史裡，不得而知。

舊書店街，空留回憶

北起南海路，東南斜迤至和平西路一段，東臨南昌街，西臨重慶南路的牯嶺街，清末稱為龍口街，一九二二年，日本人改稱「佐久間町」。不少文人對這條街，有舊情綿綿的懷想，因為它曾以舊書攤聞名全台。

牯嶺街的舊書業，起源於戰爭結束初期，當地的日本人被遣送回國前，整理家當，紛紛將值錢的古董、字畫、書籍等，拿出來販賣，想不到，這臨時的市集，在日本人走後，並沒有解散，而且有增無減，加以追隨國府的外省人，將攜台的字畫珍籍也拿來拋售，識貨的人，經常來此挖寶，牯嶺街成了舊書街，規模備矣！當年從何應欽將軍的官邸到廈門街，整排日本人留下有庭園之勝的宿舍圍牆前，有好幾十個專賣舊書的小店和攤位。

視書籍、雜誌為累贅的人，常常會將以「本」計價買進的東西，論「斤」便宜的出售，經由「收古物商」（買舊貨的小販）之手，再轉進牯嶺街來，也有些為人晚輩，不惜先人視為珍藏的東西，將之輕易處理掉，因此也流落到這裏來。

牯嶺街經常可以發現「珍品」，買到一本書的作者題贈給某某人士雅正、賜教的書，是很平常的事；有時，會在書中讀到很精彩的眉批或註釋，更可能在一本書中發現夾著情書，或好幾枚未撕開的郵票，這種樂趣，不是買新書所可能享受到的。筆者不少藏書，即是從牯嶺街搬回去，研究台灣文史學者陳漢光

牯嶺街舊書攤。

先生的遺「書」，我即是以很低廉的價錢，向靠近廈門街一家舊書商買到的。

一九七三年十月，牯嶺街完成了全線路面改善工程，市政府當局以舊有書攤有礙市容觀瞻，強令遷往松江路光華陸橋地下室，而後又再度遷離光華商場，在橋下尋覓舊書的場景也已不再；如今，牯嶺街雖尚殘存幾家舊書攤，但風光不再，「舊書街」已成歷史名詞。

在林園之勝的古亭區，從前有著舊書攤這麼一個特殊景觀，更添增了文教中心的美譽，惜乎，今日舊書市集已經被遷至於光華商場，對愛書人和古亭區來說，都有股「迷失」的感覺。

渡船口岸，螢橋閃光

古亭的「渡船頭」（今中正橋畔一帶）濱臨新店溪，從前沒有橋樑，欲往今日的永和，要來這裏等「撐渡伯仔」擺渡；一九三七年，川端橋（即戰後的中正橋）竣工，旅客才不必搭船過河，「渡船頭」遂廢；通往渡船頭的要道，也就是今天的廈門街二十五巷，近和平西路北側有河溝，架座木橋，橋端多茅草，夏夜有閃閃點點的螢火蟲飛舞亂竄，小橋因而有「螢橋」之稱，而後，以「橋」名地，此地帶即稱「螢橋」。「北新鐵路」還在時，設有小火車站。今日，不僅此地不見台語稱為「火金姑」的螢火蟲，連台北市區，也難覓「螢光」了。

羅斯福路，大學之道

羅斯福路通往台灣大學，有「大學之道」諢稱。這條西起中山南路、愛國西路口的幹道，行道樹栽種著大王椰子、榕樹、茄苳、櫟、木棉，景觀頗為可觀，有清時代，它是沿瑠公圳岸修築的小道，所以從前由台北市區去景美多走水路。以後歷經拓築。然而在今師大路口以東，和路尾「台北帝國大學」（今台灣大學）及水源地，在戰後還是寬僅十二公尺的路；一九五五年起，始分段拓寬為四十公尺，當年修築這條幹道是基於「防空疏散」，因為與海峽對岸中共政權正是對抗持續時期，那時還常有「不明飛機」侵犯台灣，空襲警報大作的情事。

由於，違建戶占據路面，而且居民不乏是隨國府遷台的「忠貞之士」，因此在拆遷過程中，頗費周章，還好台北市長高玉樹態度堅定，在合情合理合法下，解決了問題，得以完成這項當年被譽為比修築萬里長城還要艱困的「浩大工程」。

羅斯福路，今日視之，沒有什麼了不起，但是在台北市改制前，政府財政經濟拮困的階段，實在是不得了的大建設，它也負起了「北新鐵路」被廢後，台北到新店的公路運輸功能。

石壁潭寺，奉祀觀音

寶藏巖原名石壁潭寺、觀音亭，位於羅斯福路四段一九六巷二十九號。寺當瑠公圳必經之處，寺廟興建與土地開發可以說休戚相關，以台北開拓來談，這一座台灣北部最早的觀音媽廟，應早在一七〇二年已建立；一八七一年的《淡水廳志》記：「石壁潭寺……康熙時人郭治亨捨其山園，與康公合建。」

本寺「爰於乾隆五十六年冬，置買水田……」當年廟產涵蓋今日水源地，三軍總醫院一帶，所以有「觀音媽地」之稱。

這座比艋舺龍山寺還早的觀音廟，是重修龍山寺的福智和尚遺骨供奉之處。寺於一九二六年、一九六八年先後重建，古意無存。不過「四周環山，樹木鬱葱，而新店溪水縈洄如帶，景美仙跡岩之山色如畫，交相輝映其間」，此佛門聖地，還是值得一遊。

東西雙園，石竹絕跡

已廢的「雙園區」位於台北市西南端與舊古亭區為鄰，北與龍山區（萬華）相接。這個昔稱「加蚋仔」的地方，因為曾是台北的洩洪地，所以早先是一片無人居住的低窪沼澤區。

清初，福建同安縣人來此開墾，人數不多，炊煙稀落；初隸大加蚋堡下坎莊及擺接堡加蚋仔莊；清末形成六村莊，即客家厝、堀仔頭、港仔尾、後厝仔、下莊仔、八張犁。日治時代，將本區大部分劃分東園町及西園町；戰後，將「兩町」合併稱為「兩園」，名為「雙園區」，面積為五點二七〇九平方公里。

有清時期，今大理街是數條分割零落的道路，自東而西，分為頂石路街、中石路街、下石路街、頂北厝街、滿花園街，印之街名，可知都是石頭小路。大理街是在一九五二年才鋪成七二〇公尺的柏油路面，一九六〇年才再拓寬為今日的寬度。

生活在台北「邊陲」的本區農戶，因土壤鬆浮，僅能種植甘蔗、梔子、茉莉、秀英（薰茶香料）。今中國時報社及其西，昔稱綠町，有日本人所設「台北製糖會社」，原係庄人楊埤所設糖廍，由楊碧山繼之，後為日人收購。日治時代的大善人，有「乞丐之父」之稱的施乾，他設的「愛愛寮」救濟院也在這裏，收容殘廢、鰥寡孤獨的不幸者，是因為這裏偏離「市區」。

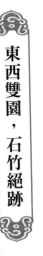

一九三〇年代，因薰茶的香料滯銷，農戶乃改種麻竹，所產竹筍，甘脆可口，而以「加蚋竹筍」享譽全台。

「竹」與「德」，在台語諧音，因此之前雙園區的十九個里名，均附以「德」字，如全德、立德、和德、惠德、興德、銘德、錦德……頗有意思；然而聞名遐邇的「加蚋竹筍」，因竹園改建大廈，而使此台北名產，不能再在人們口齒留香，殊為可惜。

一九八〇年夏，有位名叫岡村的日本大阪人，來到台北觀光，他說約七年之前，曾在台北被招待吃過一餐「加蚋竹筍」，永難忘懷，因此此次來台，想趁機大快朵頤，和家人一起享用，沒想到「加蚋竹筍」已經是「歷史名詞」，連台北人也都「不知也」！

不堪回「味」的，何止是「加蚋竹筍」的消失，台北市的蛻變，許多「傳統」逐漸的消失，令人有味同嚼蠟之感！

1 2

1. 台北市衛生院。
2. 台北市警察局。（皆為日治時期）

台北老街

第十一章

松山寺廟，青色山脈

僅次於艋舺發展的身世，沿著基隆河開展的歷史；錫口，曾是水岸旁的小蘇州，歌舞昇平；隨著河道淤積，隨著松山之名的落定，漸趨沒落，只有烏面媽祖仍端坐在慈祐宮中，遠眺永春坡、四獸山，靜靜地等待，錫口第一街的再度興起。

海上長城，謝明錩水彩畫，1999年。（謝明錩提供）

源遠地名，松山無松

松山機場，在桃園國際機場還沒有開放前，曾是台灣最重要的國際空運門戶，擁有這座國際機場的舊松山區，位於台北市中央偏南，地當基隆河與大嶺頭丘陵之間，面積廣達二〇點七四七三平方公里，是台北市尚未合併鄰近六個鄉鎮，改制為直轄市之前最大行政區。

松山，古名錫口，是凱達格蘭平埔族Malysyakkaw的遺址，此地漢字譯音多種，《裨海紀遊》，《續修台灣府志》則稱「貓裏錫口庄」，更有「麻里則社」、「毛里即吼」、「麻里錫口」、「務里式口」的譯名。

「錫口」之由來，係以一七六四年（乾隆二十九年）余文儀《續修台灣府志》卷二規制篇番社條之「貓裏錫口庄」，刪去有沃野之意的「貓裏」兩字，僅稱不知何義的「錫口」為本地地名。一九二〇年，日本人實施地方改制，將地名易為「松山」，是純日本風味的名稱，據林衡道的說法是源自日本平安時代勅選《古今和歌集》的一首歌：「山盟海誓的我們，在此流淚而別，但願波浪不會吞噬整座松山。」

不過依黃得時的見證說，他在台北帝國大學文政學部舉辦的土俗學研究會，聽當時負責全島地名更改的內務局長水越幸一做專題演講，則另有如是說詞：「錫口二字，本係番語之音譯，原語有陰戶或性交之意，以此作為地名，頗感不雅，是故……決定更易之。奈何一時無適當名稱，乃姑以松山兩字代用。一俟全島地名更改告一段落時，再以適當名稱更替。詎料全島地名更改完畢後，正名仍付闕如，無已，乃以松山名其地焉。」

有「松山」之名，無松樹之實，難怪曾任錫口庄長的陳茂松有：「無松名概擬松山，護植從茲莫等閒」的詩詠了。

錫口開發，依山傍水

台北舊市區的開發，松山僅次於艋舺；一七四五年（乾隆十年），泉人沈用，進入此處，從事墾殖，繼而安溪籍民接踵而至，不數年，即成聚落。一七五七年（乾隆二十二年），慈祐宮落成後，廟宇附近開始興築街衢，故云：「市廛之古，僅次於艋舺」。

一八一五年（嘉慶二十年），錫口市街已成艋舺至噶瑪蘭（台北到宜蘭）的要道，設有驛遞「錫口鋪」。

基隆河上船影。（財團法人台北市松山慈祐宮提供）

一八二一年（道光元年），《台北道里記》有：「艋舺以上乃東北行，錫口，有街市。」之記載，是窺知錫口是已有市肆之盛。

往昔基隆河河水充沛，有舟船之利，依山偎水的錫口是舟楫來往的重要渡口，當年進入台北平野的商船，常常在此夜泊，所以有「一流水過暝」的俗話。錫口免不得有了「港都風光」，成了達官富豪的銷金窟，夕陽西墜，斜暉脈脈的時候，此地舷船相接，處處絃歌。

同治年間，錫口茶肆酒樓、妓院賭場，林立江畔，加以這裏素以美女著稱，因此博有「小蘇州」的美譽。

一八九一年（光緒十七年），大稻埕到基隆段鐵路竣工，錫口雖設有火車票房（車站），但是基隆到台北間，客貨均以一車之便，互通往來，不再夜泊「小蘇州」，錫口沒有蒙鐵路之利，反受其「害」，加以基隆河河床逐漸淤塞，影響航行，市況一落千丈，竟淪為台北市的「郊區」了。

松山首街，饒河夜市

錫口，有街市；「錫口街」是今日的饒河街，饒河街長有六百公尺，西起八德路四段和撫遠街口，東至慈祐宮止；原擁有內湖、南港為腹地的「鬧熱滾滾」松山第一街，因「港都」的沒落而衰微；戰後，名為澆河街，後來去「水」從「食」，成了饒河街，更淪為攤販集中地。一九七五年，饒河街拓寬，不過仍然沒有使街容煥新。

東區勃興後，松山車站的功能大增，而後，車站相對應的「慈祐宮」香火仍然鼎盛，於是有識人士乃有意「改造」饒河街，讓它重塑成一條有親切、活力的觀光街道。

於是，「饒河街觀光夜市」的規劃被提出討論，並付之實施。一九八七年五月十一日，「夜市」正式開幕，兩旁商店接納了攤販，以「共存共榮」的觀念，促使了「徒步街」的設立，成了逛街購物的好去處，只可惜，儼然恢復昔時風光的饒河街，誰去了解其「松山第一街」的歷史定位呢？

烏面媽祖，慈祐媽祖

慈祐宮，俗稱「松山媽祖」，奉祀的是來自唐山湄州的「烏面媽祖」，該廟位於今八德路四段七六一號，係一七五七年（乾隆二十二年）安溪移民集資興建。

慈祐宮舊照。(財團法人台北市松山慈祐宮提供)

相傳,一七五三年(乾隆十八年),有一位泉州籍行腳和尚,法號衡真,俗家名林守義,從福建侍奉湄州媽祖金身渡海來台,到處托缽尋找安置分靈的福地,他走遍淡北,有一天,來到貓裏錫口,見社口坐北朝南,背靠九曲長流,似衣帶拖藍,前望四獸山峰,向獅伏虎,山川靈秀,鍾於一方,認為此即為福地,乃向當地士紳勸募,選擇鯉魚穴背水面山的佳地破土興廟。

慈祐宮復經一八〇一年(嘉慶六年)與一八二六年(道光六年)兩度重修,成了錫口地區住民精神的寄託,也是當地的官、民活動中心。

一九一〇年代後,慈祐宮因年久失修,剝蝕腐損,管理人陳茂松倡議整建,於一九一七年開始做全面整建,嗣以經費短缺停工,後由庄長陳復體繼其成。本廟楹聯頗多佳構,擇其二:

聖母普慈衷,海邦一體;
斯人皆赤子,錫口咸寧。

水德配天，海噬山陬，共仰湄州普濟；
母儀稱聖，津梁舟緝，咸欽淡北英靈。

每年農曆三月二十三日「媽祖聖誕」是慈祐宮舉行盛大祭典的時期，由洲尾、後山坡、中坡、五分埔、興雅、三張犁、車層、中崙、東勢、舊里族、頂搭悠、錫口、東新庄仔等十三庄輪值做東。

一如台灣的其他廟宇，慈祐宮也成了釋、道、儒的混合廟堂；右廡神龕所供奉的養育神祇註生娘娘，一般註生娘娘都是配祀十二婆姐（又稱十二保母），六好六壞，各自懷抱一個嬰兒，以示生男育女，賢與不肖，憑求子婦女平日積德行善厚薄而定；而慈祐宮的註生娘娘卻有十三位，多了的這一位，人稱杜玉娘，祂原是當地的「產婆」（助產士），人稱杜姆，接生無數，從不收一文錢，這種為孕婦義務服務的善舉，錫口人士感恩懷德，塑造一尊造像，和十二保母一起接受香火祭祀，成了別樹一幟的第十三尊保母。

城隍坐鎮，善惡昭明

慈祐宮鄰近有一座霞海城隍廟，雖然沒有大稻埕的霞海城隍廟名氣大，但也算是一座有知名度的「小廟」。

慈祐宮所供奉的烏面媽祖。（財團法人台北市松山慈祐宮提供）

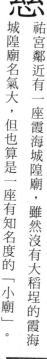

相傳，清末有一位同安縣下店鄉海邊厝人，渡海來台時，攜該鄉城隍廟之分靈，擇於錫口安身，且娶當地女人為婦，遂將城隍爺供奉於女家，祈者求多有應，善男信女日多；後來，這位「唐山人」逝世，他的太太不敢自私，決定將神像獻給街民，大家感其誠，募貲於一九〇八年左右建造這一座霞海城隍廟，廟內有一副楹聯，足令做虧心事的人，心驚膽跳：

任爾為非作惡，總欺了自己；
憑我辨冤察枉，曾錯過誰了。

松山車站的左側，也有一座供祀城隍的廟宇稱為昭明廟，落成於一九二六年。坐鎮的城隍原是城內撫台街台北府城隍廟其中一尊。日治初期，日本人施行市區改正時，擴充街道，拆毀原廟，松山隆安社代表者鄭江河、呂粒等人，不忍台北府城隍流落失「廟」，於是醵資建廟，奉移至此，廟有二聯，亦頗有警世之用：

善惡分兩途，願爾曹撫心自問；
陰陽無二理，惟有我執法如山。
昭顯知微，暗中作事難瞞我。
明察賞罰，正直無私祐善人。

台北老街跋

THE OFFICIAL RESIDENCE OF THE GOVERMENT OF FORMOSA.

後語——台北紀事

莊永明

《台北老街》初版付梓於一九九一年，之前，我起筆為台北「寫傳」，應是結集前三、四年。一九二〇年，台北正式「設市」，所以初版《台北老街》問世，正逢台北市設市七十週年。

此書敘述當年的台北市，火車還在地面上跑，中華路有忠、孝、仁、愛、信、義、和、平八棟臨時建築：「中華商場」，總統府周遭設「博愛特區」，民眾闖進去，非得小心翼翼不可；萬華老態已現，大稻埕僅有圓環夜市還有燈光，迪化街南北貨的海產乾貨，鹹腥味讓人掩鼻而過，昏沉衰頹的現象，令人忘了那華麗的建築，東區大部分土地仍是軍方禁地；不過，常年被諷刺是「吵、雜、髒、亂、擠、悶、溼」七字「真言」的台北市，卻因台灣經濟逐漸起飛，已有脫困跡象，邁向美好的願景。

台北市由省轄市升格為院轄市，正式「轉大人」了！

二〇〇〇年，適逢千禧年，我擔任《台灣世紀回味》總策畫，為二十世紀台灣留下史料見證；二

○○五年，再以《認識台灣．回味1985–2000》一書，佐證「彰顯歷史紀錄，留存生活證物」，此書在一九六七年（民國五十六年）七月一日，以台北市升格做為年度焦點：

台北市由省轄市升格院轄市，直屬中央政府，成為中華民國第十三個院轄市。升格大會由行政院副院長黃少谷主持，在台北市中山堂舉行，由總統蔣介石於本年一月十三日頒布任命的首屆市長高玉樹、臨時市議會議長張祥傳，正式走馬上任。台北市在升格後，財政方面即擺脫原有中央地方稅收分配形式，財源大增。原有行政區域也隨之擴編，陽明山管理局所轄的北投、士林，以及台北縣的南港、內湖、景美、木柵六鄉鎮都將在一九六八年六月畫歸北市，原本七十七平方公里的市區，擴增為二七二點一四平方公里，人口將由一一七萬人增加一五三萬七千人。

總統蔣介石在指示北市改制的目的與意義中指出：「現在我們正處於戰時戰地，台北市為中央政府所在地，亦即戰時的首都；而北市升為院轄市的目的則是將建設為一個現代化的都市，已達到戰時的需要。」可見台北市在反攻大陸的基本國策下，地位形同中日戰爭時的重慶。隨著時局的推演，台北市已形同中華民國首都，在政府的大力建設下，台北市的市政、建設等都有長足進展，人口也由當時的百餘萬增加至二六五萬（二○○○年），成為台灣的政治、經濟、文化的首善之區，以及許許多多異鄉客追尋與實踐夢想的首選地。

台北市今非昔比，溫故知新，必知其變得快、變得好，有其時代背景；二○一○年，台北市文獻委員會舉辦「台北市設市九十週年」，出版一本專刊，我以策畫顧問寫了一篇〈老老台北與老台北與今台北〉作為代序，其文如次：

「台北，不是一天造成的。」台北既非「千年古城」，也不是「新興市鎮」，但它可是「一路走來，始終不一。」

台北市文獻委員會近年來舉辦過幾場相當受到矚目的特展，有關於「生於斯、長於斯」的台北主題，更為人關注；二〇〇四年的「台北建城一二〇周年」、二〇〇九年的「台北開發三百年」，還有今年舉辦的「台北設市九十年」，相信不少人一定會疑惑，難以明白這些一百二十、三百、九十周年的「節慶」，所代表著台北歷史的「階段性」意義在哪裏？

三百年前（一七〇九年）的一張古文書「陳

台北州廳。

賴章墾照」，證實了官方正式合法准許漢人拓墾台北盆地。

一百二十年前，為建設台北府城於一八八二年動工營建的台北城，兩年後（一八八四年）正式竣工，台北始為「首善之區」。

一路走來的「老台北」，如何有了今日嶄新的形貌，不得不從「今台北」加以探討。

「老台北」和「今台北」，無論面積、人口，差異極大，從「台北」三市街，到「台北院轄市」，蛻變速度，令人驚奇。

台北市的「原型」，是以濱臨淡水河的艋舺、大稻埕、城內的「三市街」為基礎。早年並不是以「台北市」作為行政區域的名稱。

日治之初，它是在「台北縣（廳）」的轄區之下，一九二〇年（大正九年），台北市才成為「市制」，並隸屬「台北州」。所謂「台北州」的範圍，涵蓋今日的台北市、台北縣、基隆市、宜蘭縣，管理機構稱之為「台北州廳」，廳舍就是現在「監察院」。

台北市的設立，源於九十年前，台灣總督府頒布的「地方制度第六次大改正」，此次變革，始設「台北市役所」（台北市政府），由市尹（市長），主管台北市政。

「台北州廳」，廳舍就是現在「監察院」。

九十年前（一九二〇年），台北地區戶口數，計四二、三九〇戶，總人口數是十七萬六千五百二十一人。

今日的台北市，總人口數已在二百六十餘萬以上，比起設市之初，膨脹之速，自有「昔非今比」之感。其實，一八九五年，日本統治台灣，彼時台北地區人口才只有四萬六千七百一十人，十年後（一九〇五年），增至十萬七千六百一十六人；再十年（一九一五年），始破十五萬大關，為十五萬三千八百九十人。

台北市一路走過來，不僅僅是面積變大了，人口數也增加頗速，說明它不時在求變、求新。

一路「走過來」的台北市，也必將「走出去」；永遠在成長中的台北市，未來的路必然更加寬廣，我們的腳步會是更穩健的！

「國際化、世界級」的台北市，指日可待。

紀念「台北設市九十年」，我們也必須注意的一件事，乃日本殖民政府藉著「台北市」設立，將台灣人生活圈的「艋舺」、「大龍峒」、「大稻埕」這三個有濃郁鄉土味的老地名、名稱給廢除了，以後公文書不再出現「老地名」，雖然僅是將「艋舺」給改名「萬華」，但是老地名仍然留在台灣人的口碑中。

現代化的台北市，依然往前邁進，但久久長長的鄉土情，還是不會遺失的。畢竟是「台北、台北，我們的台北」。

二〇二〇年，台北市將以慶祝設市一百大壽，而三年前的二〇一七年，是台北市升格院轄市五十年，我們期待那個慶祝台北市重大日子的「時間點」，又是煥然一新不一樣的台北，但期盼台北老街依舊，畢竟其歷史意義，歷久彌新，烙印老街上的跡痕，就是文化的厚度！

老街，不會再深藏都市角落，老街永遠會是「歷史大道」。

台北市已登錄之古物

名稱	保存單位（或個人）	登錄理由	登錄時間
一、木柵畜魂碑	台北市稅捐稽徵處	一、該石碑立於昭和十二年（一九三七）。 二、見證木柵地區，於日治時期至戰後，地方屠宰業之發展。 三、目前台北市僅松山四獸山及北投大豐公園各有一座，為目前全市現存之三座畜魂碑其中之一。	九十六年十月二日
二、台灣電視事業股份有限公司民國六十五年一月八日前製播之視聽著作	台灣電視事業股份有限公司	一、台灣電視事業股份有限公司為台灣第一家電視台，所保留的影音資料具有無可取代的地位。 二、影帶內容為全民共同之歷史記憶，具有無可取代的價值。	九十七年二月十三日
三、蒲添生之孫中山銅像	台北市中山堂管理所	一、蒲添生為台灣雕塑界的先驅，以擅長肖像聞名。 二、蒲添生擅長大型的紀念碑造像，台灣重要的紀念造像，多為其製作，孫中山銅像為其早期作品，具時代意義。 三、該銅像與台灣其他地方的孫中山銅像比較，較具有藝術價值。 四、基座為日治時期遺留，型式優美豪華，與銅像搭配，尤為出色。	九十七年二月十九日
四、黃土水之水牛群像	台北市中山堂管理所	一、黃土水為台灣近代最重要的雕塑家，並為台灣赴日學習雕塑的第一人，其作品曾連續多次入選帝展，促使台灣新美術運動的萌芽。 二、「水牛群像」為黃土水雕塑水牛之集大成之作，並為其作品中最大的一件，也是其最後的遺作，彌足珍貴。 三、此件大幅淺雕作品，構圖完整、層次分明、表情生動、雕塑手法細膩，在在呈現作者的功力。 四、此件作品充分表現出台灣特殊風情，確屬傑作。	九十七年二月十九日
五、淡北育嬰堂碑	台北市政府	一、該石碑立於同治九年（一八七〇年）。 二、該石碑記載淡水同知陳培桂為收養孤兒創立育嬰堂之事蹟，具有歷史文獻價值。 三、明治三十二（一八九九）年，台灣總督兒玉源太郎整併清代養濟院、同善堂、育嬰堂等成立台北仁濟院，可見證該院院史。 四、該石碑見證台北市早期慈善事業之發展。	九十七年三月三日

六、石牌漢番界碑	台北市政府	一、該石碑立於乾隆十年至十三年（一七四五至一七四八）。 二、該石碑為淡水同知曾日瑛為確定漢人與原住民墾耕界限，立石於二者交界處，以絕爭地，見證台北盆地之開發史。 三、依《台北廳誌》記載，漢番界碑目前僅存二塊，一在磺溪莊，另一在石牌莊，前者即位於今捷運石牌站前之石碑。 四、北投「石牌」地名，亦因此石碑而得名。	九十七年三月三日
七、黃土水之釋迦出山	台北市立美術館	一、黃土水常受委託製作人像，「釋迦出山」為龍山寺委託製作，為其代表作品。 二、此件作品係石膏原模，其後雕塑的櫻花木作品已毀於一九四五年五月大轟炸，故更顯其珍貴。 三、黃土水遺世作品不多，其創作是台灣美術史重要作品之一，值得珍惜。 四、本作品主要參考南宋梁楷〈出山釋迦圖〉水墨畫為藍本，故作品別具風格，有別於其他釋迦作品之姿態。	九十七年三月三日
八、台北市法華寺之「南無妙法蓮華經」石碑與「百度石」	財團法人台北市法華寺	一、法華寺乃日本日蓮宗在台之代表寺，該二石碑係日治時期日系蓮宗教派，在台佈教之重要見證文物。 二、「南無妙法蓮華經」石碑上之字蹟，書法獨特，為法華寺日治時期之住持所遺留，具有緬懷與弘法之用意，具備歷史、文化意義。 三、「百度石」可以重現過去日人信眾在台特殊參拜儀式之歷史記憶，亦是目前台北市所發現唯一可保存此相關回憶之石碑。	一百年十二月七日
九、9.2 吋阿姆斯脫朗礮（9.2 " Rifled Breech Loading Armstrong Gun）	國防部軍備局	一、屬英國早期製作之後膛鋼礮，為百年以上之古礮。 二、口徑為九點二吋，係目前國內所僅見，具珍稀性與保存價值。 三、製造技術特殊、礮身造型優美，兼具科學與藝術造詣。 四、現安置於國防部軍備局生產製造中心第二〇二廠內，該廠為生產各式火礮之兵工廠，可凸顯該廠之精神象徵，並彰顯文化資產之意義與價值。	一百年十二月七日

台北市已登錄之民俗活動

名稱	保存單位（或個人）	登錄理由	登錄時間
一、台北霞海城隍廟五月十三迎城隍	台北霞海城隍廟	一、霞海城隍祭典可追溯至光緒五年，至今已有一百多年，除日治時期曾中斷外，現仍每年如期舉行。 二、可以見證福建泉州府同安縣人移民台北、經歷歷史事件（頂下郊拚械鬥）、遷居大稻埕及早期開發台北之歷史。 三、五月十三迎城隍是大稻埕重要信仰圈活動，也是北台灣一大宗教盛事，暗訪為台北地區三大暗訪活動之一，遶境號稱北台第一，有「五月十三人看人」之喻。 四、具有傳統性、地方性、歷史性、文化性與典範性等特色，且保存團體適任保護工作，值得登錄保存。	九十九年七月二十六日
二、艋舺青山宮暗訪暨遶境	艋舺青山宮	一、咸豐九年建廟，有廟會活動至今亦有一百多年，雖曾中斷，現仍每年如期舉行。 二、廟居「艋舺第一街」，可以見證福建泉州府惠安縣居民，移居台北艋舺，將原鄉之保護神分靈建廟的移民地方發展史；又因台灣其他地區均僅有分靈但未建廟，為台北形成祖廟特色。 三、暗訪及遶境是艋舺地區重要信仰圈活動，俗稱「艋舺大拜拜」，也是北台灣一大宗教盛事，暗訪為台北地區三大暗訪活動之一，遶境活動可媲美大稻埕的霞海城隍廟祭典。 四、具有傳統性、地方性、歷史性、文化性與典範性等特色，且保存團體適任保護工作，值得登錄保存。	九十九年七月二十六日
三、台北靈安社神將陣頭	台北靈安社	一、台北靈安社成立於清同治十年（一八七一年），為台北大稻埕八大軒社中最早成立之軒社，迄今已有一四一年之歷史。 二、神將陣頭包括謝、范二將軍與文、武二判官，不僅造型獨特，且其出陣儀式、配帶物件與藝員衣著等，均具典範性效用。 三、台北靈安社是廟會活動的重要支援性組織，出動神將陣頭，結合各寺廟之神明祭典，是形成本市民間風俗信仰活動不可或缺的要素。 四、具備傳統性、地方性、歷史性、文化性以及典範性，台北靈安社不僅將相關文物保存良好，並具傳習功能及適任保存工作，確實值得登錄保存。	一百年十二月七日

台北市古蹟

號序	級別	類別	標地物	公告日		地址
1	一	城廓	台北府城門—北門、東門、南門、小南門	七十二年十二月二十八日 八十七年九月三日	中正區	北門、東門、南門、小南門。
2	二	衙署	台灣布政使司衙門	七十四年八月十九日	中正區	南海路植物園內西側。
3	三	牌坊	黃氏節孝坊	七十四年八月十九日	中正區	台北二二八紀念公園內。
4	三	牌坊	急公好義坊	七十四年八月十九日	中正區	台北二二八紀念公園內。
5	二	祠廟	大龍峒保安宮	七十四年八月十九日	大同區	哈密街六一號。
6	三	祠廟	台北霞海城隍廟	七十四年八月十九日	大同區	迪化街一段六一號。
7	三	祠廟	陳德星堂	七十四年八月十九日	大同區	寧夏路二七號。
8	三	祠廟	陳悅記祖宅（老師府）	七十四年八月十九日	大同區	延平北路四段二三一號。
9	二	祠廟	艋舺龍山寺	七十四年八月十九日	萬華區	廣州街二一一號。
10	三	祠廟	艋舺清水巖	七十四年八月十九日	萬華區	康定路八一號。
11	三	祠廟	艋舺地藏庵	七十四年八月十九日	萬華區	西昌街二四五號。
12	三	祠廟	艋舺青山宮	七十四年八月十九日	萬華區	貴陽街二段二一八號。
13	三	書院	學海書院（今高氏宗祠）	七十四年八月十九日	萬華區	環河南路二段九三號。

14	三	牌坊	周氏節孝坊	七十四年八月十九日	北投區	豐年路一段三六號前。
15	三	祠廟	士林慈誠宮	七十四年八月十九日	士林區	大南路八四號。
16	三	祠廟	芝山岩惠濟宮	七十四年八月十九日	士林區	至誠路一段三二六巷二六號。
17	二	關塞	芝山岩隘門	七十四年八月十九日	士林區	惠濟宮西側。
18	三	祠廟	景美集應廟	七十四年八月十九日	文山區	景美街三七號。
19	國定遺址	遺址	圓山遺址	七十七年四月二十五日 九十五年五月一日	中山區	德惠段一小段一五八地號等四十筆土地
20	三	宅第	義芳居古厝	七十八年八月十八日	大安區	基隆路三段一五五巷一二八號
21	三	其他	勸業銀行舊廈	八十年五月二十四日	中正區	襄陽路二五號。
22	三	陵墓	林秀俊墓	八十年十一月二十三日	內湖區	文德段五小段三三三、三三三之一地號。
23	二	其他	台北公會堂	八十一年一月十日	中正區	延平南路九八號。
24	三	祠廟	台北孔子廟	八十一年一月十日	大同區	大龍街二七五號。
25	國定 市定	產業設施	國定：台灣總督府鐵道部（廳舍、八角亭、戰時指揮中心、工務室、電源室、食堂） 市定：台北工場	八十一年一月十日 九十四年六月七日 九十六年一月十八日 九十六年五月二十五日 九十九年九月三十日	大同區	延平北路一段二號。
26	三	其他	台北郵局	八十一年八月十四日	中正區	忠孝西路一段一一八號。
27	三	其他	台北水道水源地	九十一年二月五日 八十二年二月五日	中正區	思源路一號。

28	三	其他	原台灣教育會館	八十二年二月五日	中正區	南海路五四號。
29	二	遺址	芝山岩遺址	八十二年二月五日	士林區	芝山岩小山。
30	三	其他	西門紅樓	八十六年二月廿日	萬華區	成都路十號。
31	三	其他	北投溫泉浴場	八十六年二月廿日	北投區	中山路二號。
32	三	宅第	前美國大使官邸	八十六年二月廿日	中山區	中山北路二段十八號。
33	三	其他	台北第三高女	八十六年二月廿日 九十一年四月二日	中山區	長安東路二段一四一號。
34	市定	其他	紫藤廬	八十六年七月廿三日	大安區	新生南路三段十六巷一號。
35	市定	祠廟	寶藏巖	八十六年八月五日	中正區	汀州路三段二三〇巷二十三號。
36	市定	其他	曹洞宗大本山台灣別院鐘樓（原名：東和禪寺鐘樓）	八十六年八月五日 一〇一年六月五日	中正區	仁愛路、林森南路口。
37	市定	其他	台北撫台街洋樓	八十六年十一月廿一日	中正區	延平南路二十六號。
38	市定	其他	台大醫院舊館	八十七年三月廿五日	中正區	常德街一號。
39	市定	其他	台大醫學院舊館	八十七年三月廿五日	中正區	仁愛路一段一號。
40	市定	其他	台灣廣播電台放送亭	八十七年三月廿五日	中正區	台北二二八紀念公園內。
41	市定	其他	台北第一高女	八十七年三月廿五日 九十二年四月廿四日	中正區	重慶南路一段一六五號。
42	市定	衙署	原台北北警察署（今大同分局）	八十七年三月廿五日	大同區	寧夏路八十九號。

43	市定	教堂	長老教會北投教堂	八十七年三月廿五日	北投區	中央南路一段七七號。
44	市定	祠廟	北投普濟寺	八十七年三月廿五日	北投區	溫泉路一一二號。
45	市定	宅第	北投台灣銀行舊宿舍	八十七年三月廿五日	北投區	溫泉路一〇三號。
46	市定	其他	草山教師研習中心	八十七年三月廿五日	北投區	陽明山建國街二號。
47	市定	其他	台北監獄圍牆遺蹟	八十七年三月廿五日	大安區	金山南路電信局邊牆。
48	市定	其他	台灣師範大學原高等學校校舍（講堂、行政大樓、文薈廳、普字樓）	八十七年三月廿五日 九十二年八月廿九日	大安區	和平東路一段一六二號。
49	市定	其他	台灣大學原帝大校舍（舊圖書館、行政大樓、文學院）	八十七年三月廿五日	大安區	羅斯福路四段一號。
50	市定	祠廟	臨濟護國禪寺	八十七年四月十三日	中山區	酒泉街五巷二十七號。
51	市定	其他	建國中學紅樓	八十七年五月四日	中正區	南海路五十六號。
52	市定	衙署	台灣總督府交通局遞信部	八十七年五月四日	中正區	長沙路一段二號。
53	市定	其他	原台北信用組合	八十七年五月四日	中正區	衡陽路八十七號。
54	市定	宅第	台灣電力株式會社社長宿舍	八十七年五月四日	中正區	延平南路一一九號。
55	市定	其他	台灣銀行	八十七年五月四日	中正區	重慶南路一段一二〇號。
56	市定	其他	帝國生命會社舊廈	八十七年五月四日	中正區	博愛路一六二號。
57	市定	其他	台灣總督府電話交換局	八十七年五月四日	中正區	博愛路一六八號。
58	市定	教堂	濟南基督長老教會	八十七年五月四日	中正區	中山南路三號。
59	市定	其他	台大法學院	八十七年五月四日	中正區	徐州路廿一號。

60	市定	其他	台北市政府舊廈（原建成小學校）	八十七年五月四日	大同區	長安西路三十九號。
61	市定	其他	吟松閣	八十七年五月四日	北投區	幽雅路廿一號。
62	市定	其他	台灣大學校門	八十七年五月四日	大安區	羅斯福路四段一號。
63	市定	其他	台北市政府衛生局舊址	八十七年五月四日	中山區	長安西路十五號。
64	市定	遺址	內湖清代採石場	八十七年五月四日	內湖區	環山路一段一三六巷底。
65	國定	其他	專賣局	八十七年六月十日	中正區	南昌路一段一號四號。
66	國定	其他	台灣總督府博物館	八十七年六月十日	中正區	襄陽路二號。
67	市定	其他	三井物產株式會社舊廈	八十七年七月廿二日 八十九年七月十九日	中正區	館前路五十四號。
68	市定	其他	台北工業學校紅樓	八十七年七月廿二日	大安區	忠孝東路三段一號。
69	國定	衙署	總統府	八十七年七月卅日 一〇一年九月廿六日	中正區	重慶南路一段一二二號。
70	國定	衙署	監察院	八十七年七月卅日	中正區	忠孝東路一段二號。
71	國定	衙署	行政院	八十七年七月卅日	中正區	忠孝東路一段一號。
72	國定	宅第	台北賓館	八十七年七月卅日	中正區	凱達格蘭大道一號。
73	國定	衙署	司法大廈	八十七年七月卅日	中正區	重慶南路一段一二四號。
74	市定	其他	婦聯總會	八十七年九月一日	中正區	長沙街一段二十七號。
75	市定	其他	前日軍衛戍醫院北投分院	八十七年九月一日	北投區	新民路六十號。
76	市定	宅第	草山御賓館	八十七年九月一日	士林區	新園街一號。
77	市定	其他	士林公有市場	八十七年九月一日	士林區	大南路八十九號。

78	市定	其他	北投文物館	八十七年九月一日	北投區	幽雅路卅二號。
79	市定	宅第	大稻埕辜宅	八十七年十月七日	大同區	歸綏街三〇三巷九號。
80	市定	其他	北投不動明王石窟	八十七年十月十四日	北投區	幽雅路杏林巷二號對面。
81	市定	教堂	中山基督長老教會	八十七年十月十四日	中山區	林森北路六十二號。
82	市定	宅第	圓山別莊	八十七年十月十四日	中山區	中山北路三段一八一號。
83	市定	宅第	艋舺謝宅	八十八年一月七日	萬華區	西昌街八十八號。
84	市定	學校	老松國小	八十八年六月廿九日	萬華區	桂林路六十四號。
85	市定	寺廟	清真寺	八十八年六月廿九日	大安區	新生南路二段六十二號。
86	市定	宅第	龍安陂黃宅謙讓居	八十八年六月廿九日	大安區	和平東路二段七十六巷四號。
87	市定	宅第	芳蘭大厝	八十八年六月廿九日	大安區	基隆路三段一五五巷一七四號。
88	市定	其他	內湖庄役場會議室	八十八年六月廿九日	內湖區	內湖路二段三四二號。
89	市定	宅第	內湖郭氏古宅	八十八年六月廿九日	內湖區	文德路二四一巷十九號。
90	市定	其他	蔡瑞月舞蹈研究社	八十八年十二月卅一日	中山區	中山北路二段四十八巷八、十號
91	市定	陵墓	潘宮籌墓	八十八年十二月卅一日	士林區	芝蘭段二小段五九五地號。
92	國定	宅第	嚴家淦故居	八十九年四月廿七日 九十一年一月廿三日	中正區	重慶南路二段二、四號。
93	市定	其他	建國啤酒廠	八十九年六月卅日	中山區	八德路二段八十五號。
94	市定	民宅	萬華林宅	八十九年七月十一日	萬華區	西園路一段三〇六巷廿四、廿六號。
95	市定	祠廟	慈雲寺	八十九年七月十一日	萬華區	漢口街二段一一九、一二一、一二三號（台北郵政信箱 2-184 號）。

96	國定	衙署	蔣中正宋美齡士林官邸	八十九年七月十四日 九十四年五月廿五日	士林區	福林路六十號。
97	市定	其他	鐵路局台北機廠澡堂	八十九年九月廿二日	信義區	市民大道五段四十八號。
98	市定	其他	北投穀倉	八十九年十一月三日	北投區	大同街一五三號。
99	市定	其他	松山菸廠	九十年九月二十八日 九十一年四月十六日	信義區	光復南路一三三號。
100	市定	教堂	台灣基督長老教會大稻埕教會	九十一年五月二十八日	大同區	甘州街四十號。
101	市定	宅第	李國鼎故居	九十二年一月廿日	中正區	泰安街二巷三號。
102	市定	其他	自由之家	九十二年一月廿一日	中正區	愛國西路十六號。
103	市定	其他	台北酒廠	九十二年三月十七日	中正區	八德路一段一號。
104	市定	其他	大同之家（含網球場）	九十二年四月廿三日 一百年一月十二日	中正區	重慶南路二段二號。
105	市定	其他	大稻埕圓環防空蓄水池	九十二年九月廿三日	大同區	建成圓環內。
106	市定	其他	台糖台北倉庫	九十二年九月廿三日	萬華區	大理街一三二號之七、之九、之十。
107	市定	衙署	原台灣軍司令部	九十三年一月十五日	中正區	博愛路一七二號。
108	市定	宅第	原台灣軍司令官官邸	九十三年一月十五日	中正區	南昌路一段一三六號。
109	市定	其他	殷海光故居	九十三年二月九日	大安區	溫州街十八巷十六弄一之一號。
110	市定	其他	紀州庵	九十三年二月十二日	中正區	同安街一一五號一〇九巷四弄二、六號。

111	市定	其他	草山水道系統	九十三年四月廿八日	北投、士林區	北投區湖田段二小段五九七地號、士林區福林段二小段五四〇地號等七十二筆地號之部分土地。
112	市定	宅第	士林潘宅	九十三年四月廿八日	士林區	大南路一〇一號後廳部分。
113	市定	宅第	齊東街日式宿舍	九十三年十月一日	中正區	齊東街五十三巷十一號。
114	市定	宅第	閻錫山故居	九十三年十月七日	士林區	永公路二四五巷三十四弄二七三、二七七號。
115	市定	宅第	艋舺洪氏祖厝	九十四年一月廿六日	萬華區	莒光路一一二巷一、三、五號，一一二巷九弄二、六、八、十號。
116	市定	其他	天母白屋（美軍宿舍）	九十四年一月廿七日	士林區	中山北路七段一八一巷廿三號。
117	市定	其他	陽明山中山樓	九十四年四月廿六日 九十四年六月十四日	北投區	陽明路二段十五號。
118	市定	古市街	大稻埕千秋街店屋	九十四年五月十日	大同區	貴德街五十一、五十三號。
119	市定	陵墓	王義德墓	九十五年一月十日	南港區	昆陽街一六五號（國防部軍備局生產製造中心第二〇二廠）。
120	市定	其他	西本願寺（鐘樓、樹心會館）	九十五廿二月廿一日	萬華區	中華路一段（長沙街二段與貴陽街二段間）。
121	市定	產業設施	松山市場	九十五年三月廿二日	松山區	八德路四段六七九號。
122	市定	宅第	總督府山林課宿舍	九十五年三月卅一日	大安區	金山南路二段二〇三巷十五、十七號及廿二、廿四號。
123	市定	宅第	孫運璿重慶南路寓所	九十五年六月廿三日	中正區	重慶南路二段六巷十號。
124	市定	其他	南海學園科學館	九十五年六月廿六日	中正區	南海路四十一號。

125	市定	寺廟	艋舺助順將軍廟（晉德宮）	九十五年七月五日	萬華區	康定路十三號。
126	市定	產業設施	新富市場	九十五年七月五日	萬華區	三水街七十號。
127	市定	宅第	七海寓所	九十五年七月十八日 一〇一年二月一日	中山區	海軍總司令大直營區。
128	市定	宅第	前南菜園日式宿舍	九十五年七月廿五日	中正區	牯嶺街八十一巷四號及南昌路二段二巷二、四號。
129	市定	宅第	國立台灣大學日式宿舍之馬廷英故居	九十五年十一月一日	大安區	青田街七巷六號。
130	市定	宅第	國立台灣大學日式宿舍之翁通楹寓所	九十五年十一月一日	大安區	青田街九巷五號。
131	市定	宅第	國立台灣大學日式宿舍之羅銅壁寓所	九十五年十一月一日	大安區	青田街十二巷五號。
132	市定	宅第	陳天來故居	九十五年十二月十五日	大同區	貴德街七十三號。
133	市定	產業設施	歸綏街文萌樓	九十五年十二月廿日	大同區	歸綏街一三九號。
134	市定	產業設施	機器局第五號倉庫	九十六年一月廿二日	大同區	鄭州路三十八巷九號。
135	市定	宅第	鐵道部部長宿舍	九十六年一月廿二日	大同區	西寧北路一巷六號。
136	市定	宅第	錦町日式宿舍—林務局局長舊宿舍	九十六年一月廿九日	大安區	金華街一三二號。
137	市定	宅第	骨科醫院及住宅	九十六年一月廿九日	中正區	寧波西街六十號、六十之一號。
138	市定	宅第	國立台灣大學日式宿舍之青田街七巷二號	九十六年四月十一日	大安區	青田街七巷二號。

139	市定	宅第	牯嶺街高等官舍群	九十六年四月十一日	中正區	牯嶺街六十巷二、六號。
140	市定	宅第	國立台灣大學日式宿舍之福州街廿、廿二、廿六號	九十六年四月十一日	中正區	福州街廿、廿二、廿六號。
141	國定	其他	台灣民主紀念園區	九十六年十一月九日	中正區	中山南路二十一號。
142	市定	禮堂	舊總督府第二師範學校大禮堂	九十七年五月廿七日	大安區	和平東路二段一三四號。
143	市定	碑碣	興福庄建塚紀念碑	九十七年九月十五日	文山區	興隆路二段二〇三巷底。
144	市定	宅第	摩耶精舍（張大千園邸）	九十七年九月十六日	士林區	至善路二段三四二巷二號。
145	市定	其他	植物園臘葉館	九十七年十一月十日	中正區	台北市植物園內。
146	市定	衙署	清代機器局遺構	九十八年二月五日	大同區	塔城街東西兩側。
147	市定	其他	舊高等農林學校作業室（磯永吉紀念室）	九十八年七月廿八日	大安區	台北市基隆路四段四十二巷國立台灣大學農場內
148	市定	宅第、產業設施	新芳春茶行	九十八年九月廿九日	大同區	台北市民生西路三〇九號。
149	市定	墓葬	閻錫山墓	九十九年三月十六日	士林區	台北市士林區永公路二四五巷卅四弄。
150	市定	宅第	福州街十一號日式宿舍	一百年十一月廿四日	中正區	台北市中正區福州街十一號。

資料截止日期：一〇一年六月

永樂町盛景（日據時）謝明錩水彩畫 畫布 水彩 25P 1999(謝明錩提供）

生活台灣 ⑫

台北老街【30周年暢銷紀念新版】

作　者—莊永明
編　輯—楊佩穎
主　編—高雷娜、謝翠鈺
企　劃—廖心瑜
資深企劃經理—何靜婷
美術設計—李雅惠
封面設計—陳文德
特別感謝—小川、周惠玲、謝明錩、台北市大同區公所、財團法人台北市松山慈祐宮

董事長—趙政岷
出版者—時報文化出版企業股份有限公司
108019台北市和平西路三段二四〇號七樓
發行專線—(〇二)二三〇六六八四二
讀者服務專線—〇八〇〇二三一七〇五
(〇二)二三〇四七一〇三
讀者服務傳真—(〇二)二三〇四六八五八
郵撥—一九三四四七二四時報文化出版公司
信箱—一〇八九九　台北華江橋郵局第九九信箱

時報悅讀網—http://www.readingtimes.com.tw
法律顧問—理律法律事務所　陳長文律師、李念祖律師
印　刷—勁達印刷有限公司
二版一刷—二〇二一年八月六日
二版二刷—二〇二一年十二月二十三日
定　價—新台幣四八〇元
缺頁或破損的書，請寄回更換

時報文化出版公司成立於一九七五年，
並於一九九九年股票上櫃公開發行，於二〇〇八年脫離中時集團非屬旺中，
以「尊重智慧與創意的文化事業」為信念。

台北老街（30周年暢銷紀念新版）莊永明作. -- 二版.
-- 臺北市 : 時報文化出版企業股份有限公司, 2021.08
面； 公分. --（生活台灣；72）
30周年暢銷紀念新版
ISBN 978-957-13-9269-1（平裝）

1.老街 2.歷史 3.臺北市

733.9/101.6　　110011930

ISBN 978-957-13-9269-1
Printed in Taiwan